伝統を守り
伝統を変える

時を超える呉服屋

奥山 功
OKUYAMA ISAO

JN141466

幻冬舎MC

はじめに

世の中、何事においても流行りすたりはつきものです。ライフスタイルが変化し、科学技術が発展することでそれまでになかったモノやサービスが生み出されていけば、人々の求めるものも当然変わっていきます。時代とともに繁栄する産業もあれば、衰退する産業もあります。

私が営む「着物販売業」は、典型的な衰退産業です。

矢野経済研究所の調査によれば、1980年前後には1兆8000億円あった着物販売市場は、2020年には1925億円と10分の1近くに縮小しています。もともと生活習慣の西欧化が進んでいたところに、この半世紀で女性の社会進出が広がったこともあって、ほとんどすべての人にとって着物を普段着として着る機会が失われてしまいました。今日では「着物＝特別な日に身に着けるもの」「一部の愛好家が着るもの」という位置づけになっています。

まさに着物業界にとっては逆風の時代です。

しかし、私はそんな逆風だからこそできる経営があると考えています。例えば、販売面においてはあえて伝統に固執することです。「お客様と家族ぐるみのお付き合いをする」という、昔ながらの着物対面販売のしきたりを守り抜くことで、今日のファストファッションにはない着物ならではの独自性を強くアピールできます。また、多くの小売店が全国展開を目標とするなか、あえて地元密着の姿勢を貫いています。無理して販路を広げるのではなく、地域にとってなくてはならない存在を目指し「地域一番店になること」を企業の至上命令とし、そのための施策を次々に打ち出しました。さらに、企業に新たな風を吹かせる策として新しい人材を投入することが多いなか、古くからお付き合いのあるお客様を抱える接客販売だからこそ「古き良き伝統を知る古参社員こそ宝である」と全社で共有しています。

その結果、私の会社は香川県に6店舗を展開し、地域一番店にまで成長しました。

過去に成功していたビジネスであれば、今がどんなに衰退産業であってもやり方さえ工夫すれば勝ち組になれる——これが私の信念です。

今、衰退産業に身を置き、業績が上がらずに苦しんでいる中小企業経営者は全国にたくさんいると思います。しかし、「身を捨ててこそ浮かぶ瀬もあれ」というように、衰退している産業だからこそあえてできることもあるはずなのです。これまで私自身何度も逆境に遭遇してきました。そして今もなお衰退産業のなかで戦い続けています。長年にわたって実践してきた衰退産業における勝ち残りのノウハウが、さまざまな産業で大逆転をつかむためのヒントになれば、著者としてこれ以上の喜びはありません。

伝統を守り伝統を変える　時を超える呉服屋　目次

［第3章］【販路開拓編】地域一本勝負
～大手の全国展開が進むなか あえて掲げ続けた「地元密着」～

［第5章］ 【事業承継編】守り抜くべき伝統と変えるべき伝統
～着物販売業を次代にいかに継いでいくか～

［第1章］

着物販売の栄枯盛衰
～わが国の和装文化は
どのようにして衰退していったのか～

着物販売の聖地・京都室町通の問屋街

京都市内を南北に貫く烏丸通《からすまどおり》の一本西隣には、烏丸通と並行する全長約8・1㎞の室町通があります。この通りこそ、全国で着物販売を営む者たちの聖地であり、今から52年前、着物販売の世界に飛び込んだ私が大きなカルチャーショックを受けた運命の場所でもあります。

室町通の歴史は古く、この地に道が敷設されたのは1000年以上前の平安時代だと伝えられています。奈良から京都へと都が移されたとき、平安京の一部をなす室町小路として整備されました。室町時代になると三代将軍・足利義満がこの通り沿いに大邸宅「室町殿」を建てました。実は、「室町時代」「室町幕府」という名称の由来となったのが、この室町通だったのです。

中世以降、室町通は京都の町を支える町衆の主要な拠点となり、江戸時代に入ると織物染物問屋の街として大きく発展を遂げました。西陣織・京染物・白生地・小物類を商う織物染物問屋商が1000以上も軒を連ね、染織製品の日本最大の集積地になっていきます。西陣織や、全国から仕入れた白生地を独自技術で染める京友禅などの京都の特産はもちろん、地方の染織製品も一旦京都に集められてから全国に送られるようになり、京都は織物問屋の街として日本中に知れわたります。特に江戸幕府、諸大名、有力寺院はその財力に物を言わせて高価な西陣織や京染物を買いあさり、京都の着物以外は着ないという贅《ぜい》沢《たく》者も多かったといいます。京都織物問屋の繁栄ぶりは井原西鶴の『日本永代蔵』にも描かれており、この地で財をなした富裕商人は「室町商人」と呼ばれ、茶屋四郎次郎や後藤縫殿助《ぬいどのすけ》などの豪商もこの地に店を構えていました。江戸時代後期になると、京都に仕入れの拠点を設けて江戸に出店することが室町商人のステータスだったようです。こうした織物問屋の繁栄は明治時代以降も続き、宮内庁御用達の商店が100軒以上あり、その中から三井越後屋や松坂屋など百貨店へと発展していく店もありました。

室町通の着物問屋で味わった〝異界体験〟

そんな着物販売の世界に私が飛び込んだのは1972年、28歳の時でした。国内大手タイヤメーカーで営業職を4年間経験したあと、高校時代の友人Xに「一緒に商売しよう!」と熱心に誘われ、Xが先に始めていた着物販売業に私も加わるかたちになりました。

Xの実家は香川県高松市内で洋品店を営んでいて、販売のノウハウも分かっていますし、服飾関連の問屋にも顔が利きます。しかし、本人は次男坊で、店の後継ぎではありません。そこで、「洋服の代わりに和服を売ってみよう。着物と縁のなさそうな若い男二人で商売するのも意外性があっていいんじゃないか」とXは考えたそうです。私も着物を含めファッション全般に興味があったので、Xの話に乗ることにしました。

着物はきわめて特殊な商材であり、商品を仕入れることのできる問屋は限られています。なかでも全国の着物の集積地である京都、それも江戸時代からの老舗を含め、100軒以上が立ち並ぶ室町通界隈の問屋街は最大・最良の仕入れ場所ということになります。

問屋ですから、一般の人への小売りはしません。また、京都の商店は基本的に〝一見《いちげん》さんお断り〟であり、馴染《なじ》み客の紹介がなければ取引できません。私たちの場合、幸いにもXの実家が懇意にしていた服飾関連の問屋の紹介で、なんとか取引させてもらうことができました。

Xに連れられて、初めて室町通の着物問屋を訪ねた日の衝撃は、今でも忘れられません。年代物の格子戸をからからと開けると、そこが着物問屋の玄関。片側に靴脱ぎ場があり、そこに渋い着物を着た貫禄ある初老の男性が控えています。下足番です。

「いらっしゃいませ、毎度おおきに」

28歳の若造に、丁寧に頭を下げてお出迎えの言葉が掛けられます。勝手が分からず、恐縮してこちらも頭を下げながら玄関から座敷に上がると、艶やかな着物姿の受付の女性が、三つ指ついて丁寧にお辞儀しながら、私たち若造二人を迎えてくれます。「高松のXさんがおいでです」と、奥に向かって声を掛けました。

ほどなく店の奥から現れたのは、Xとはすでに懇意らしい、着物に前掛け姿の番頭さん（のちになって専務さんと知りました）。その日は秋物の「小紋」と「御召」を仕入れに来たので、番頭さんにその旨を伝えると、番頭さんが丁稚《でっち》さんならぬ従業員にいくつか口頭で指示を与え、土蔵からいくつかの反物を持って来させました。畳にそれらを並べながら、季節の話題や最近の流行りの話題など、Xと和やかに談笑する番頭さん。それらの光景を傍観しながら、「あれ、どこかで見たことのある場面だぞ……」とぼんやり考えていた私は、やがて、はっと気づきました。「そうだ、大岡越前だ！」時代劇ドラマで何度も見た記憶のある、呉服店で番頭が客に商品の説明をする、あの場面です。ちなみに、こうした販売方法を「座売り」といいますが、あれとそっくり同じ場面が20世紀の当時、まさに自分の目の前で繰り広げられていたのです！

そもそも、ビジネスの商談に出向いたBtoBの取引先で、わざわざ靴を脱いで畳に上がるという体験にも驚きましたが、まさか時代劇のような一場面に遭遇するとは！　夢にも思っていなかったので、あの体験は本当に衝撃的でした。京都の着物問屋では、まさに江戸時代のまま時間が止まっていたのです。さらに、番頭さんの口から出た、ウン十万円というびっくりするほど高額な商品価格を耳にした私は、ひそかにこう思いました。「オレはどうやら、今まで慣れ親しんでいた現実の世界から、見知らぬ異界へ一歩踏み出してしまったみたいだ……」

ともあれ、その後私の天職となる「着物販売」はこうして始まりました。

着物販売の鉄則は「利は元にあり」

その後しばらくしてある程度の経験を積んだ私は、一人で室町通の着物問屋まで商品の仕入れに出向くようになりましたが、この問屋街の規模の大きさを改めて自分の足で確かめる結果となりました。室町通とその周辺に、江戸時代から続くと思われる老舗を含め、100以上もの着物問屋が軒を連ねているのです。もちろん、そのすべてと商取引を行うわけではありませんが、この世界では新参者の私たちですから、取引先は順次広げていく必要があります。しかし、あまりに数が多すぎて、結局のところ、どの問屋さんを訪ねていいか分かりません。

問屋さん巡りをしていて、もうひとつ驚かされたことがあります。それは問屋ごとに商品の値段が全然違うことです。

例えば、私の目にはほとんど同じに見える結城紬《ゆうきつむぎ》の反物が、問屋Aでは10万円、問屋Bでは8万円、問屋Cでは12万円、問屋Dでは13万円とまちまちなのです。それらがまったく同じ商品なら、問屋Bで仕入れたほうがいいに決まっていますが、実際には商品自体のクオリティーに差があり、問屋Dがいちばんお買い得、というケースも考えられます。

目利きのある人であれば品質を見極めることができますが、経験や知識の乏しい私には何を根拠に選べばいいのかさっぱり分かりません。

私はある問屋さんに恥を忍んで質問しました。


「商品を選ぶには何を根拠に選べばいいのでしょうか」


すると、問屋さんは着物販売の仕組みを親切に解説してくれました。

着物はほかの一般的な商品のように、卸値や小売価格が事前に設定されているわけではありません。卸値をいくらにするかは問屋が自由に決めていいし、小売価格をいくらにするかは小売店が自由に決めていい。着物販売というビジネスは、そのような問屋と小売店の自由な裁量のなかで行われているというのです。

そもそも、売価が決まっていないってどういうこと？　それまでの4年間、営業マンとして「自動車タイヤ」という商品しか扱ってこなかった私にとっては、まさに青天の霹靂《へきれき》でした。しかしそれが、この着物販売というビジネスなのです。

「奥山はん、この商売の基本は『利は元にあり』でっせ。それを常に肝に銘じておかなければ、この商売は立ちゆきまへん」

「利は元にあり」とは、近江商人や船場商人の間で言われるようになった言葉で、利益は上手な仕入れから生まれるので、良い品をできるだけ有利な価格で仕入れることが大切という意味です。経営の神様である松下幸之助さんが「仕入れ先もお得意先だと思って大切にしなければならない」という意味を付け加えて発信したことで、ビジネスの世界で広く知れ渡るようになりました。

卸値も小売値も自由に設定できるということは、良くない品物を不釣り合いな高値で仕入れてしまうおそれもあるということです。目利きがものをいうこの業界でやっていくには、まずはしっかりとした商品知識を身につけなければならないと我が身に言い聞かせました。

それとともに、仕入れ先である問屋さんとの人間関係もとても重要なのだと、神経を使うようになりました。お互いに信頼し合える関係性を構築できれば、疑問に思ったことをいろいろと質問できるし、悪い物を高く売りつけられることもないだろうと考えたからです。

着物販売業界の川上・川中・川下

まったくの未経験で飛び込んだ着物業界でしたが、自分なりに本を読んで着物について勉強したり、親しくなった着物問屋さんにいろいろ質問したりして、自分でも分かる領域を少しずつ広げていきました。そしてそのうち、あることに気づきます。着物販売の世界には、商品の流通経路に沿って、「川上・川中・川下」という3つの階層が歴然と存在していることです。

川上とは、西陣織の工房や京友禅の工房など、いわゆる着物の「作り手」を、川中とは、作り手から着物を買い取って小売店に卸す「問屋」を指します。川下は、問屋から着物を仕入れ、お客様に販売する「小売業」のことです。

本来、この3つの階層は運命共同体のはずですが、着物業界ではそこに歴然たる力関係が存在し、川下＞川中＞川上という力関係になります。簡単にいえば、「お金を払ってくれるほうが偉い」という考え方です。

ビジネスの世界では、受注者よりも発注者のほうが立場が上なのは当たり前。それは頭では分かっているのですが、着物業界ではこの上下関係が非常にあからさまできわめて露骨でした。まるで江戸時代の、武家（侍）と商家（商人）の関係のよう。これは誇張でもなんでもありません。

例えば、問屋さんが街角で偶然、西陣織の工房関係者と出会ったとしましょう。その場合、声をかけるのは必ず、西陣織工房の関係者のほうです。「ああ、木村はん、いつもたいへんお世話になっております」と丁寧に頭を下げるでしょう。それに対して問屋さん側は、「ああ」と鷹揚《おうよう》にうなずくか、時には丸っきり無視することもあるようです（あくまで当時のこと）。

ところが、そこに私たち小売業者が通りかかったらどうなるか。問屋さんは手のひらを返したように一転して満面に笑みを浮かべ、「これはこれは奥山はん、毎度おおきに、お世話になっております」と、慇懃《いんぎん》無礼《ぶれい》スレスレの感覚で深々と頭を下げるはずです。

下の階層が上の階層をもてなす接待も盛んに行われていました。これは私たち若造二人が着物販売を始めてしばらく経ってからのお話ですが、私たちもそれなりに販売実績を上げるようになると、私たちを「お得意様」と認めてくれたのか、問屋さん側の接待が始まりました。

商談が成立すると、その夜には私たちを祇園《ぎおん》のお茶屋さんに連れて行ってくれて、舞妓《まいこ》さん芸妓《げいこ》さんを上げて遊んだり。宿まで取ってくれて、その送り迎えをしてもらったこともあります。接待ゴルフや接待麻雀《マージャン》もありました。

また商談が成立するしないに関係なく、訪問時間が昼食時、夕食時に差し掛かるときは豪勢な食事をご馳走になることもありました。そして必ず帰りにお土産を手渡してくれるのです。あるときは京名物のせんべいだったり和菓子だったり洋菓子だったり。それほど高価なものではありませんが、つまらないものは一つもなく、贈る側の気持ちと誠意が伝わる、もらってうれしいものばかりでした。

こうした接待はほかの業界でも行われていたのかもしれませんが、私たちが受けていた接待は、営業利益の割に営業経費がかかりすぎていると感じました。私たち若造二人が買い付ける商品は、合計でせいぜい１００万円程度。にもかかわらず、飲食費も宿泊費も交通費も、すべて問屋さん持ち。これで果たして利益は出るのだろうかと、こちらのほうが心配になりました。今から半世紀前のことで、バブル時代のお話ではありません。かつての着物業界では、こうした接待が当たり前のように行われていたのです。

お客様に着物を買っていただくには伝統と信用が大切

問屋との関係も徐々に築き始め、商品を仕入れたはいいものの、決して安価とはいえない着物を買っていただくにはどうすればいいのか。私たちはまずこの問題に突き当たりました。

まったく同じ商品であれば、販売価格の安いほうが売れ行きが伸びるはずですが、実は着物販売ではそうはいきません。

それを最初に思い知ったのは、商売を始めて間もない頃でした。私たちは京都で男物の大島紬《おおしま》で龍郷柄《たつごうがら》の良品を仕入れました。開業して間もなくまだ顧客も知名度もないため価格で勝負しようと、あえて薄利で29万８０００円の売価を付けました。すると、私たちとほぼ同じルートで仕入れたのでしょう。まったく同一と思える男物の大島紬が地元のデパートと市内の老舗有名呉服店の店頭にも並べられたのです。売価は、デパートが39万8000円、老舗有名店が32万円。さて、どの商品が売れたのか。

真っ先に売れたのが、デパートの39万8000円の品です。次に売れたのが、老舗有名店の32万円。そして私たちの29万8000円はついに売れ残りました。デパート、老舗有名店とまったく同じ商品であり、品質は申し分ないにもかかわらず、売れなかったのです。

このとき、私たち若造二人は着物販売の現実に気づかされました。「お客様に着物を販売するうえで、最も重要なポイントは商品の価格ではなく、店の伝統と信用である」と。お客様に着物を買っていただくためには、まず私たち二人の店がお客様からの信用を勝ちとらなければならなかったのです。

では、お客様からの信用を勝ち得るにはどうすればいいのか。

これは随分あとになってから分かったのですが、お客様の信用を得るまでには非常に長い時間がかかります。例えば、振袖の展示会に来ていただきお客様との最初の接点が生まれます。そこから嫁入り、赤ちゃんの初宮参り、お子さんの七五三、お子さんの十三参り、お子さんの成人式や卒業式、結婚式、初詣、お祭り、高齢の方のお葬式、お孫さんの初宮参り……と、その後はご家族の人生の節目節目をともに体験しながら、関係性を深めていくことが常道となります。

そもそも、着物という商品そのものが、お客様の人生とともに時を重ねていくもの。おばあ様の作った振袖を、お年頃になった娘さんが受け継ぎ、さらには娘さんの娘さんが受け継いでいく。そうやって親から子へ、子から孫へと代々着続けられることが、着物という衣類の最大の特長です。その着物が上質であり、保存方法や手入れの方法が適切であれば、100年経っても新品のような美しさで着ることができます。その点が、1～2シーズン着ただけで廃棄することになるファストファッションとの大きな違いです。

当然お客様とも長いお付き合いをすることになります。先ほどの大島紬の例でいえば、私たちの店ではなく地元のデパートで買ったお客様は、いわば安心料込みで購入されたわけです。その商品が今後100年着られるものになれば、10万円の差はそれほど大きいものではないのかもしれません。

着物販売業はなぜ衰退したのか

仕入れにおいても販売においても着物の世界は、それまでのビジネスの常識が通用しない、きわめて特殊な世界です。しかし、だからこそ着物文化をかろうじて守ってこられたのだと考えています。着物販売業者は着物という商品を売るだけでなく、着物を着るという日本ならではの文化を守ってきた存在でもあったのです。

ところが、私がこのビジネスを始めた頃から、着物販売は厳しい冬の時代に突入します。ピーク時には2兆円、1980年前後でも1兆8000億円あった着物販売市場はジリジリと縮小を続け、2020年にはついに2000億円を割り込み、1925億円市場にまで落ち込みました。その後の3年間は2000億円台を回復したものの、依然苦しい闘いが続いています。

1970年代は着物販売市場が毎年2兆円程度を維持していた時代ですが、異業種からこの業界に飛び込んだ門外漢の私は、この業界が直面している業績のかげり、例えば、一昨年から昨年、昨年から今年と、売上高その他の数字が少しずつ悪くなっていることが気にか

呉服小売り市場規模推移

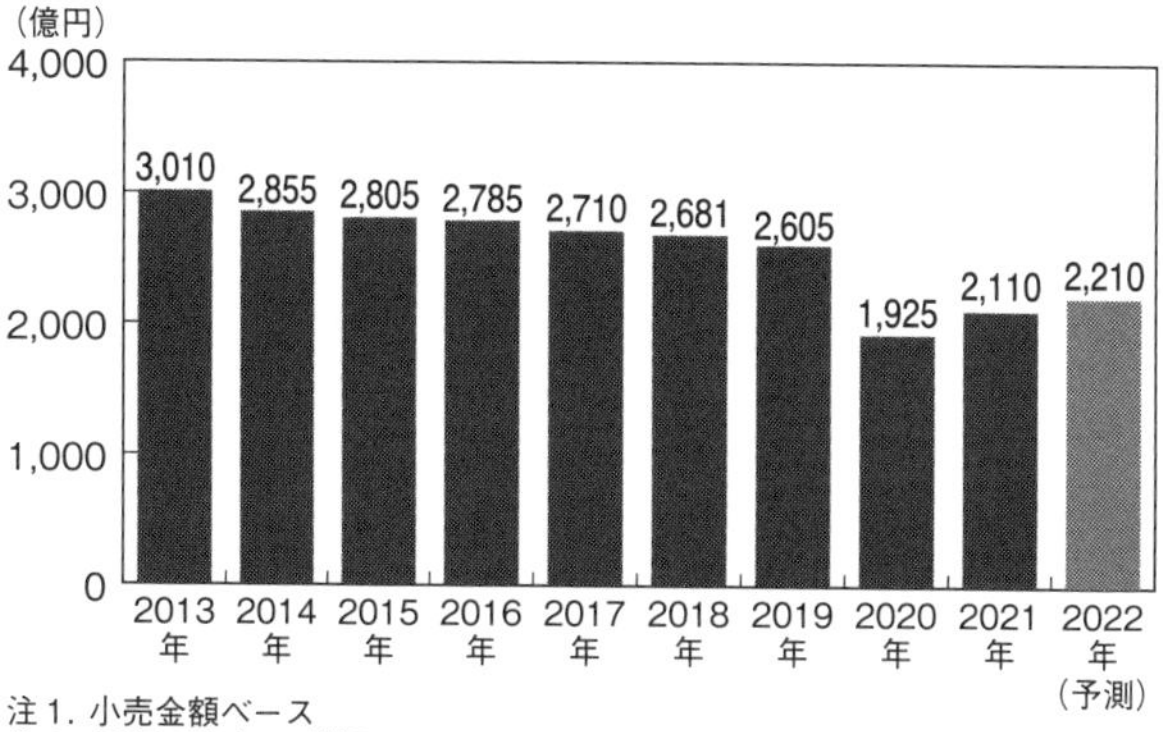

注1．小売金額ベース
注2．正絹のきもの、紬類のきもの、帯類、リサイクルきものの他、和装小物、ゆかた、合繊素材のきものなどをふくむ
注3．2022年は予測値

矢野経済研究所調べ（2022年）

かっていました。そのため、「今のうちからなんらかの売上回復策を検討したほうがいい」と考えていましたし、友人Xや懇意にしている着物問屋さんなどには訴えていました。

　ところが、着物販売を過去何代にもわたって生業《なりわい》にしてきた老舗販売店の店主たちは、売上が年々微減している状況をまったく問題視していませんでした。この仕事に従事してきた彼らから見れば、数字が悪いのはあくまで一時的なもので、間もなくそれまでの水準に戻るだろうと楽観視していたからです。

京都織物卸商協会に加盟する着物問屋の数

継続代数	創業年代					計
	江戸	明治	大正	昭和戦前	戦後	
3代以上	29	18		1		48
2代		14	10	10	3	37
初代		4	15	32	40	91
特殊例		1				1
計	29	37	25	43	43	177

結果的に、私が危惧していたとおりになりました。着物販売市場は１９８２年頃から大幅に縮小していき、それが30年以上続くことになります。

また、着物の聖地である京都の着物問屋さんの数も激減しています。今から70年ほど前のデータによると、京都織物卸商協会に加盟する着物問屋は１７７社あったと記録が残っています。

ところが２０２４年現在、京都織物卸商業組合（旧・京都織物卸商協会）に加盟している問屋数は86社。およそ70年の間に、加盟問屋数は半分以下にまで減少してしまいました。

なぜここまで着物販売業が落ち込んでしまったのか、

大きく4つの理由が考えられます。まず1つめに挙げられるのが、日本人のライフスタイルの欧米化です。

第二次世界大戦後、私たち日本人の生活様式は急速に欧米化し、今では西欧風のライフスタイルがすっかり定着しています。加えて、1990年代以降はインターネットの普及によってさらにグローバル化が進み、何事にも「グローバル・スタンダード」が重視される世の中になりました。そうした風潮のなかで、今や多くの日本人が「日本人らしさ＝日本人としてのアイデンティティ」を見失っているように見受けられます。そして、すでに圧倒的大多数の日本人が、日常生活における着物との接点を完全に失ってしまいました。そもそも、自分のワードローブに「着物」というアイテムをそろえている日本人が今どれだけいるでしょうか。「さて、何を着ていこうか」と自分の服装選びを考えるとき、おそらく日本人の圧倒的大多数は、「着物」の「着」の字も思い浮かばないはずです。

着物販売業が衰退した2つめの要因は、時間に対するとらえ方の変化、つまり「時短」の意識です。

思えば、人類の進歩の歴史は時短の歴史でもありました。例えば江戸時代、東海道を江戸の日本橋から京都の三条大橋まで移動するのに、徒歩で2週間前後かかりました。それが明治時代になって鉄道が普及し、東海道本線が全線開通すると、新橋―神戸間が約20時間で結ばれることに。さらに時代が下って昭和39年に東海道新幹線が開業すると、翌年には東京―新大阪間が3時間10分で結ばれ、平成に入って東海道新幹線に新型車両の「のぞみ」が投入されると、東京―新大阪間が2時間30分に。そして近い将来、リニア中央新幹線が開業すれば、品川―新大阪間が1時間で移動できるようになります。

何事にも効率や合理性が重んじられる現代社会においては、時間をかけないことが美徳とされ、「コストパフォーマンス＝コスパ」ならぬ「タイムパフォーマンス＝タイパ」なる言葉も生まれるほど。食生活においても、「インスタント食品」なる言葉が生まれたのが昭和30年代。その後、3分間で完成するカップ麺やレトルト食品が発明され、今や私たちの食卓はレンチン食品（レンジでチンして食べられる食品）であふれています。

こうした時代の流れに「着物」は完全に取り残されてしまいました。なにしろ、着物を着ようと思えば、どんなに着慣れている女性でも着付けに最低15分はかかります。慣れない人は1時間近くかかるかもしれません。単に着用するだけでこんなに時間がかかる「着物」は、明らかにタイパが悪すぎます。1分刻みのスケジュールで動いている現代人に、着物を着る時間などないのです。今の時代に着物を着ようとは思わないだろうし、ましてや「着物を買おう」などと思うはずもありません。

着物販売業が衰退した3つめの要因は「核家族化」です。

昭和の時代を思い出してみると、自分の身のまわりには三世代同居している家庭がいくつもありました。その当時、多くのおばあさんはまだ着物を着ていて、孫世代も日常的に着物を目にしており、着物に対して特別視する風潮もありませんでした。また、おじいさん・おばあさん世代と同居していれば、夏には浴衣を着せてもらったり、お正月には晴れ着を着せてもらったりして、着物の着方もなんとなくイメージできていました。

ところが、昭和の時代も後半に入ると、東京への一極集中が加速し、「三世代同居」という家族形態はほとんどなくなっていきます。現役世代は大都市に住み、現役引退世代は地方に残りました。大都市に暮らす現役世代は、親を呼び寄せたくても、大都会の住宅事情がそれを難しくしています。こうして日本では急速に核家族化が進み、今日では単身世帯化も進行しています。その結果、「着物を着る」という日本人古来の文化も、あとの世代に継承されなくなってしまいました。「着物を着る」という文化がなくなれば、「着物を買う」という文化がなくなるのも無理はありません。また、着物を着る文化の喪失とともに、着物の良い品と悪い品を見分ける審美眼も失われてしまいました。

着物販売業が衰退した4つめの要因として、私は「デフレ」も挙げたいと思います。

バブル崩壊後、日本経済は1990年代中盤から長引くデフレの時代に突入します。現在、日本経済がデフレから脱却できたかどうかはまだ分かりませんが、少なくとも四半世紀以上、デフレの時代が続いたことは確かです。

デフレ時代、消費者はより安価な商品を買い求め、メーカーも販売店も安値競争に尽力します。これは私見ですが、日本がこれほど長いデフレを経験しなければ、今日のようなファストファッションの繁栄もなかったはずです。

デフレの時代、着物のような高額商品はどうしても売れなくなります。例えば、かつては成人式に向けて振袖を購入する若い女性とその親御さんも一定数存在したのですが、デフレ不況の影響下では節約志向が優勢になり、今日では「成人式の振袖はレンタル」が当たり前。さらに2022年には民法改正で成人年齢が18歳に引き下げられました。私たち着物業界の運動により成人式はその後も二十歳の式典として継続していますが、振袖や紋付羽織袴《はかま》を着るという数少ない日本的な風習も、今後どうなっていくか分かりません。

また、私たち販売業者自身、安直な売り方に走ってしまい、本来の着物の売り方から逸脱してしまったという側面もあります。一例を挙げれば、成人式に向けての振袖販売です。１９９０年代以降、一部の業者は振袖を売らんがために、「成人式は振袖で」とお客様に向かって盛んに呼びかけ、「成人式まで時間がありませんから、今すぐご決断を」と、期限を切った売り方で実績を上げました。その結果、今日では「振袖＝成人式の正装」という誤ったイメージが広まってしまいました。

振袖は本来「未婚女性の第一礼装」であり、その女性が結婚するまで、初詣やパーティー、友人の結婚式など、何度でも着られるものです。ところが今日では、「振袖は成人式用」と考えるお客様があまりにも多く、20歳を過ぎた女性にはほとんど売れなくなってしまいました。

そして着物販売業の落ち込みの何より大きな原因は、これらの家族構成や生活様式などの社会の変化に対応できなかったところにあると考えています。

それでは着物販売に対する強い逆風が吹き荒れるこの時代に、私たち販売業者はどのように生き残っていけばいいのか。

私は、これまで述べてきた「着物販売業が衰退した理由」にヒントが隠されていると考えます。つまり、衰退した理由を逆手に取るのです。

例えば、ライフスタイルが西欧化し、多くの日本人が日本人らしさを失っているのであれば、「着物を着ることが、日本人としてのアイデンティティの表現になる」とアピールすることができます。また、「時短」が重視される今の時代だからこそ、「着物を着れば『余裕』や『ゆとり』を表現でき、それはそのままあなたらしさの表現にもなる」と訴えることができます。

さらに、核家族化し、単身世帯が増えている今の時代だからこそ、「着物は親から子へ、子から孫へと受け継がれる文化であり、家族を結びつける絆《きずな》になる」ともいえます。

そして、安価なファストファッション全盛の時代だからこそ、高価な着物を着れば唯一無二の個性を表現できます。また、サステナブルが重視される今のご時世でいえば、着物は数十年と着続けることができ、リサイクルも可能な、環境性能に優れた衣類ともいえるでしょう。つまり、アピールの仕方によって、着物はまだまだ魅力的な商品になり得るわけで、私はそこに勝機があると考えます。

そして着物販売業は衰退産業であり、過去の栄光が忘れられない老舗の多い業界だからこそ、強力なライバルは存在せず、やり方次第で十分勝ち組になれる業界である、ともいえるのです。

［第2章］

故《ふる》きを温《たず》ねて新しきを知る

〜日本の伝統を扱う着物業界での戦い方〜

温故知新という戦略

着物販売業は衰退産業だからこそ、やり方次第で勝ち組に回ることができる。私はこの52年間、その思いで走り続けてきました。28歳でこの世界に飛び込んだときは、着物についてほとんど何も知らないど素人でしたが、本を読み、生産地を訪問したり問屋さんや同業者に教えを乞うたりして、自分でもあれこれ取り組んでいくにつれ、私は「着物」が大好きになりました。大好きになった以上、衰退産業だからといって、見切りをつけたくないと挑戦意欲が芽生えました。だとすれば、どのように着物を売っていけばいいのか。それが私の商売の原点であり、出発点でした。

そんな私の販売戦略を一言でいえば、「温故知新」。ありきたりな四字熟語ですが、どうしてもこの言葉に行き着いてしまいます。

もう少し噛み砕いていえば、江戸時代以降、連綿と続けられてきた「着物販売」というビジネスにおいて、何をそのまま残し、何を改変するか——ということです。

ここで忘れてはならない大事なポイントは、私たち着物販売業者はお客様に着物を納品すると同時に、「着物を着る文化」もお届けしているということです。基本的に、現代のビジネスにそぐわない古い商慣習などは切り捨ててもいいのですが、「着物を着る文化」に関わる部分は切り捨てるわけにはいきません。なぜなら、着物は「着物を着る文化」とともに販売しないと、やがてはお客様に着てもらえなくなり、そうなれば将来的に着物を販売するチャンスまで失われてしまうからです。つまり、文化の部分はしっかりキープしながら、現代人のお客様が受け入れやすいような着物の販売方法を考えなければならないのです。

畳の上での対面販売「座売り」こそが着物販売の王道

まず、着物販売においてどうしても残すべきものは、江戸時代から続く「座売り」という販売方法でしょう。私は、座売りこそが着物販売の王道だと考えています。その基本的な流れは次のとおりです。

①常連のお客様が店にやって来ます。店の玄関三和土《たたき》には、すのこ状の靴脱ぎ場が設けられており、お客様はそこで下履き（靴）を脱いで店内に入ります。店によっては、靴脱ぎ場に「下足番」という従業員を配置しており、ご来店になったお客様に挨拶すると同時に、どのお客様がどの履物でいらっしゃったのかを正確に記憶します。所定の靴箱がある場合は、そちらにお客様の履物を移します。

②お客様が畳敷きの店内に入るタイミングで、そのお客様を長年（10年以上）担当している番頭格または手代格の従業員がお出迎えします。店によっては、玄関ホールに受付係を配置しており、まず受付係がお客様をお出迎えしてから、担当の従業員を呼ぶというシステムをとっているところもあります。

③そのお客様担当の番頭または手代格の従業員がお客様の前に正座して、改めて挨拶したあと、お客様に座布団を勧めます。従業員は座布団を敷かず、終始正座したままお客様に対応します。お客様が座布団にお座りになったタイミングで、店によってはお茶とお茶菓子が供されます。

④お客様と従業員の間で会話が始まります。いきなり商談に入ることはめったになく、

従業員がお客様の近況をおうかがいするところから始まるケースが多いようです。お客様と従業員の間には、すでに長年のお付き合いによって信頼関係が構築されていて、お互いの家族構成を知っていたり、冠婚葬祭の予定まで把握していたりします。そこで、「先日ご結婚されたお嬢様はいかがお過ごしですか」「お孫さんも今年は七五三ですね」など、家族関連の世間話でひとしきり盛り上がることも。なかには、着物の話に入る前に、30分以上雑談をされるお客様もいます。

⑤いよいよ商談に移ります。お客様がどんな着物を求めてご来店されたのか、あるいは、着物に関して何かお悩みごとや相談ごとがあるのかなど、お客様の要望やご予算などを細かく丹念にうかがい、接客している従業員の判断を別の従業員に伝え、蔵（バックヤード）からニーズに合致した反物を数点（時には十数点）、接客の場に持ってきてもらいます。

⑥蔵（バックヤード）から取り寄せた反物数点を畳の上に広げ、色、柄、素材、作者などについて、お客様に説明します。

⑦さらに、お客様の体に反物を実際にあてがい、お客様に似合うかどうか、顔色とマッ

チしているか、お手持ちの帯や新規購入予定の帯とのコーディネートはどんな具合になるか確認します。

⑧見ていただいた反物のなかにお客様の欲しいものが見つかり、仕立て代を含めてお客様のご予算に合えば、ご購入になります。

⑨反物購入後、お客様の体形や寸法に合わせて着物に仕立てるための採寸を行います。必要な採寸は身丈・裄丈《ゆきたけ》・袖丈・袖幅・前幅／後幅の5つです。

⑩反物を販売店から仕立て屋さんに出し、仕立ててもらいます。仕立て上がりまで4～6週間ほどかかります。

⑪お客様にご来店いただき、寸法や八掛《はっかけ》（裾裏や袖などに縫い付けた生地）の色に間違いはないか、チェックしていただきます。

⑫すべてOKであれば、お客様にご納品になります。

以上が商談成立する場合の流れですが、お客様にご来店いただいても、ご購入まで至らないケースも結構あります。その場合は⑦までで接客は終了しますが、時には④だけでお帰りになるお客様もいます。いったい何をしに来たんだろう？と思われるかもしれませんが、そういったお客様は単純に、店の担当者とおしゃべりしたかっただけ、という場合が多いのです。一般的な商慣習からいえば「フリの迷惑な客」になりますが、着物販売の世界では、そうしたお客様も大歓迎。たとえそのときは商品購入まで結びつかなくても、おしゃべりすることでお客様と従業員の関係性に厚みが増すのであれば、マイナスな要素は一つもありません。むしろ、次の商談に結びつく可能性が高まるといえます。

なお、実際に着物を着るときには下着である裾よけ・肌襦袢《はだじゅばん》・長襦袢、半衿《はんえり》、着物を固定する腰ひも、伊達締《だてじ》め、帯、帯を締めるための帯板、帯枕、帯揚げ、帯締め、さらには足袋や草履《ぞうり》なども必要になります。こうした付属品の選び方や買い方も、着物販売店の専任担当者がアドバイスします。着物を買い慣れていないお客様の場合は、販売店側で一式すべてをコーディネートすることもあります。

座売りだからこそ、着物を着る「文化」まで売ることができる

「座売り」という販売方法は、お客様が商品を購入するまで、手間も時間もかかります。販売する側から見れば、現代社会で重視されるところのコスパもタイパも、たいへん低いことになります。しかし、着物販売の基本は信用取引。たいへんな手間と時間をかけるからこそ、お客様と販売担当者の間で信頼関係が築かれ、家族の話を率直に語っていただけるだけの信用が生まれます。

販売側が知っておくべき情報は次のとおりです。

- お客様の家族構成（できれば上下二世代まで。ご本人から見て祖父母、孫の代まで）
- お客様の家族それぞれの生年月日
- お客様の家族の職業
- お客様の現在の環境など

これらの情報が把握できていれば、お孫さんの初宮参り、七五三、入園式、卒園式、入学式、卒業式、成人式、結婚、出産……と、ライフイベントに合わせて着物販売や仕立直しの提案が可能になります。

着物は親から子へ、子から孫へと、何世代にもわたって引き継がれていく、たいへんに息の長い商品です。いわばお客様の家族の歴史の一部にもなるものですから、時間をかけて選んでいただくのが当たり前。そうした道理をわきまえ、時間をかけて接客できるスタッフこそ、着物販売のプロといえます。

先ほど「きちんとお手入れして、保管方法に留意すれば、50年、100年経っても美しく着られる」と書きましたが、この部分にはもう少し説明が必要でしょう。

着物は洋服のように、着るたびに洗濯するものではありません。まず、汚れ防止の意味も兼ねて、長襦袢の襟元に半衿を自分で縫い付けてから着用します。一度着た着物は汚れや染みをチェック。特に汚れやすいのは襟、袖口、裾、前身頃、裏地で、ガーゼでたたくなどしても汚れが落ちない場合は、専門業者に汚れ落としを依頼します。目立つ汚れがなければ、衣紋《えもん》掛《か》けに半日～一日陰干しして、湿気を飛ばしてから畳紙に包んで桐箪笥《きりだんす》に収納。湿気が残っていると、カビや変色の原因になるからです。また、一度締めた帯は、脱いでまだ体温が残っている柔らかい状態のとき、たたくようにシワを伸ばして形を整え、やはり半日～一日陰干ししてから、畳紙に包んで桐箪笥に収納します。帯締め、帯揚げも陰干ししたあと、糊《のり》抜《ぬ》きした白木綿《しらゆう》の布を桐箪笥の引き出しに敷いて収納します。

また、着物には「本畳み」「夜着畳み」の2種類の畳み方があり、帯も袋帯の畳み方、名古屋帯の畳み方があります。

もし保管中に変色や染みが出てしまった場合は、専門業者に対応を依頼します。素材や汚れに応じて、水洗い・揮発洗い・生《い》け洗い・染み抜き・黄変抜き・カビ取り・ヤケ直し・洗《あら》い張《ば》りなど、対処法が異なるからです。なんらかの理由で着物が破れたり、穴が開いたりしてしまった場合は、かけはぎという補修法があります。

こうした着物のお手入れをお客様自身ですべて行うのは、やはり難しいでしょう。そこで、着物販売業者の出番です。着物を販売店まで持ってきていただければ、お手入れの方法も、保管方法も丁寧にお教えします。少しでも不安点や疑問点があれば、なんでも販売店の担当者に質問してください。私たち着物販売のプロは、着物だけでなく、その着こなしゃお手入れのノウハウ、さらには着物を着るという文化そのものをも一緒にお売りしていると自覚しています。

着物の世界では季節感が重要

「座売り」以外に、「温故知新」で私が重視しているもう一つのポイントが「季節感」です。

わが国には四季があり、古来、季節の移り変わりを日々の暮らしに上手に取り入れて楽しむ文化が育まれました。日本人の古くからの衣装である着物においても、季節の変化に合わせて素材・色・柄を取り替えるという文化が確立されています。

例えば、毎年6月1日と10月1日には学校や役所で「衣替え」が行われますが、この習慣はもともと平安時代に始まったものです。6月1日に冬用の着物から春用の着物に取り替え、10月1日に再び冬用の着物に取り替えます。

着物の世界では、実はもう少し細かい間隔で衣替えを行います。現代の暦に合わせて表現すると、次のようになります。

●春（6月1日～6月30日）着物は単衣《ひとえ》＋単帯《ひとえおび》
●夏（7月1日～8月31日）着物は薄物＋夏帯
●秋（9月1日～9月30日）着物は単衣＋単帯
●冬（10月1日～5月31日）着物は袷《あわせ》＋冬帯

着物の説明は次のとおりです。
・単衣……暖かい季節向きの、裏地を付けずに仕立てた着物
・薄物……絽《ろ》や紗《しゃ》など、夏向きの目が粗く薄地の着物
・袷………寒い季節向きの、裏地を付けて仕立てた着物
・単帯……裏地の付いていない帯
・夏帯……絽、紗、麻を使った帯
・冬帯……裏地の付いた帯

なお、一部の高貴な人々を除き、かつての日本人は現代のように気軽に衣類を買い替えたりできなかったため、冬から春に衣替えするときには、袷の着物の裏地をほどき、単衣に仕立て直して着ていました。同様に、秋から冬になるときは、単衣の着物に裏地を縫い付け、袷に仕立て直して着ました。こうした点でも、着物は地球環境にやさしい衣類といえます。

着物は季節に合わせて素材や生地の厚みを変えますが、色や柄についても季節ごとに変えていました。その季節に実際に存在する植物の色が基本になります。いかにも花鳥風月を愛《め》でる日本人らしい文化といえます。それぞれの季節を象徴する色は次のとおりです。

- 春……桜色、菜の花色、山吹色
- 夏……藤色、茄子紺《なすこん》、若草色
- 秋……紅葉色《だいだいいろ》、団栗色《どんぐりいろ》、露草色
- 冬……橙色、椿色《つばきいろ》

友禅や小紋の場合、柄でも季節感を演出します。春なら桜や梅、夏なら紫陽花《あじさい》や朝顔、秋なら菊や紅葉、冬なら松や椿など。それぞれ、季節を先取りするかたちで取り入れます。例えば、桜の柄の着物であれば、実際に桜が開花する少し前くらいから着始め、桜の花が散ってからはもう着ないようにします。ただし、その柄が写実的なものではなく、デザイン化・パターン化した柄であれば、季節のルールが適用されることはありません。

女将のいない店づくりを目指す

着物販売店の顧客の80％以上は女性という事情もあって、着物販売店では「女将」が特別な地位を占めていました。女将、つまり店主の妻です。「老舗」と呼ばれる昔ながらの着物販売店ではいまだに、店の主役は女将で、店主である社長は奥の事務所に引っ込んでいることが少なくありません。つまり、事実上の店主は女将ということです。

店主が女性であれば、顧客である女性のお客様の着付けに立ち会えますし、着物の着方についても実地でレクチャーできます。また、その役目を社長の妻が担ってくれるのであれば、家族だけに働き方についてもいろいろ無理が言えますし、場合によっては給料を支払わなくてもいいのです。店主の妻が店を切り盛りするほうが、家族経営の店では何かと都合がよいといえます。

しかし、一般企業からの転職組だった私には、店に女将をおくことに違和感がありました。そこでよく見かける呉服店のあり方ではなく、組織をつくってやり抜こうとしました。そのためこの業界に入って52年間、一度も妻を会社で雇ったことはありません。

しかし、私のこうした考え方は、この業界では明らかに異端でした。

独立して間もない頃、「京都着物大展示会」という着物販売のイベントを、いくつかの着物販売会社と共催したことがあります。そのとき、私の下で男性スタッフ（のちに私の右腕になる人物）が働いていることに、ある店主は心から驚いていました。

私からすれば、会社で男性社員を雇用するのはごく当たり前のことなので、なぜそんなに驚かれたのか逆に質問すると、その店主はこう答えました。

「だって、男性社員を雇っていたら、いつ独立してお客さんを持っていかれるか、分からないじゃないですか。そんなことにならないために、私らはあえてカミさんなどの身内を使っているんですよ」

なるほど、そんなことを怖がっているから、社会全般に通用するような会社経営ができないのか……。私はそう得心すると同時に、女将をおかない私の方針は間違っていなかったと自信を深めました。

「あるとき払いの催促なし」と「盆暮れ勘定」

昔ながらの着物販売の商慣習で、その後私が見直したことがもう一つあります。それは決済方法についてです。

私が友人Xと二人で着物販売の会社を起こした1972年当時、「着物を購入しよう」という、ある程度裕福なお客様にとって、最も信用できる販売店はデパート外商部でした。次に信用されていたのが、創業は江戸時代という老舗呉服店。私たちのような若造二人でやっている店は、地元の着物愛好家の奥様方からは見向きもされず、デパートの販売価格の半額に値付けしても売れないほどでした。

販売店とお客様の間で、「信用」がいかに大事かを物語る、着物販売の世界ならではの決済方法があります。それが「あるとき払いの催促なし」と「盆暮れ勘定」です。

当時、着物販売は基本的に「掛け売り」（大福帳管理）で行われていました。商品を先にお客様にお渡しして、お支払いはあとで受け取るというかたちです。それも、契約書を取り交わすといった杓子定規《しゃくしじょうぎ》なことは一切行わず、販売店とお客様との間の口約束だけで成立していました。そういう意味では、掛け売りというより、実態は「ツケ」に近いかもしれません。お客様は信用できる販売店からしか着物を購入しないし、販売店も信用できるお客様としか商《あきな》いをしない。そんなきわめて狭い世界でした。

例えば、その当時の販売店とお客様（着物を買い慣れている上得意のお客様）とのやりとりは次のとおりです。

奥様：綴《つづ》れの帯、とても上品なお柄で気に入りました。この帯、いただける？

店員：かしこまりました。奥様はさすがにお目が高いですね。今、西陣織では三本の指に入る作家さんが丹精込めて織り上げた逸品です。奥様にはいつもご贔屓《ひいき》いただいておりますので、お代のほうは目いっぱい勉強させていただいて、１２０万円になります。

奥様：あら、案外お安いのね。じゃあ今日は50万円置いていきますから、あとはいつものように、近いうちにお支払いします。

店員：かしこまりました。お買い上げいただき、誠にありがとうございます。

こうして、残り70万円は売掛金になるのですが、これがいつ回収できるか、販売店側は知ることができません。なにしろ、「あるとき払いの催促なし」が基本なので、お客様に催促するのは野暮であり、お客様にお金があるとき（あるいは、お客様に払う気持ちがあるとき）にしか支払ってもらえないからです。そもそも、こんな買い方をする奥様は経済的に困窮した経験がないので、「仕入れ先への支払いもあるので、売掛金を一刻も早く回収したい」という販売店側の事情など、思いも付きません。そのうち、50万円は支払ってもらえたものの、売掛金が20万円残っている時点で、さらに別の着物を購入したりするので、売掛金は膨らんでいくばかりです。

もうひとつの「盆暮れ勘定」は、文字どおりお盆の時期の8月と暮れの12月のみ代金を支払うというもの。こちらは江戸時代から続く商慣習で、かつては多くの商店がこの決済方法で商いをしていたようです。期限をどう区切るかは店によって異なりますが、例えば、前年12月から今年7月までに購入したものの代金はまとめて8月に支払い、8月以降11月までに購入したものの代金はまとめて12月に支払う、というようなかたちです。この場合も多額の売掛金が発生するので、販売店側の負担が大きいのですが、相手は昔からのお得意様、場合によっては先代、先々代から付き合いのあるお客様だったりするので、それまでの決済方法を販売店側の一存で変更するのは難しかったようです。

「あるとき払いの催促なし」にしろ「盆暮れ勘定」にしろ、着物が大量に売れた時代だからこそ成立していた決済方法です。直近で販売した商品の代金がなかなか支払われなくても、過去1～2年に販売した商品の代金が順当に入金されていれば、当座の資金には困らないはずだからです。

ところが、着物が売れなくなってくると、以前のようにお金がうまく回らなくなります。売掛金が少なくなれば、その分だけ販売店側の負担も小さくなりますが、なにしろ業績不振で売上全体が減少してしまうのですから、金融機関は今までのようには融資してくれなくなりますし、仕入れ先もこれまでのように信用取引で商品を出してくれなくなります。売上そのものが減ってしまえば、従業員への給与支払いも難しくなります。

事実、着物販売市場が目立って縮小し始めた1990年代以降、老舗販売店の多くが倒産しましたが、そのほとんどが黒字倒産でした。つまり、売上はそれなりにあったものの、売掛金を回収できなくなったケースが多かったのです。

しかし、創業したばかりで資金力のなかった私たちは、そもそも、これほど鷹揚な商売の仕方はなかなかできませんでした。私たちにあるのは、若さによる怖いもの知らずの大胆さと、アイデア勝負で販売方法をいろいろと工夫する企画力だけ。夏に振袖を売ったり、深夜に着物販売会を開いたり、それなりの実績を上げていたものの、デパートや老舗のように大きな商いはできずにいました。

潮目が変わったのは、この業界に入って3年目くらいのこと。日本信販（現・三菱UFJニコス）、北日本信販（現・ジャックス）という2つのクレジット会社が四国の高松に乗り込んで来たのです。つまり、今日ではごく当たり前に行われている、クレジットカードという決済方法が高松でも始められるようになったのでした。

高松には、市内の商店街の商業者を取りまとめる協同組合として、高松専門店会という組織があります。この専門店会が一斉に「日本信販や北日本信販、ＪＣＢなどの加盟店になってはいけない」という〝お触れ〟を出しました。理由はよく分かりませんが、自分たちの協同組合を通さずに加盟店を募集したことが面白くなかったのか、あるいは今までの自分たちの商慣習をよそ者の手で変えられたくなかったのかもしれません。

しかし、専門店会のお触れに強制力はありません。むしろ、進歩的な商店主は、クレジット決済を始めることで、新たな購買層を獲得するチャンスが生まれると考えたはずです。

というわけで、高松市内で日本信販の加盟店第1号になったのが地元のデパートで、第2号が私たちの会社でした。私も着物販売業界の商慣習は尊重していましたが、「あるとき払いの催促なし」や「盆暮れ勘定」は、お客様を必要以上に優遇する決済方法であり、この商慣習をいつまでも認めていては、着物販売業界の健全な発展の足かせになると考えたからです。こうして、私たちの会社でも晴れてクレジットカード決済での着物販売がスタートしたのです。

このように着物販売業界の古式ゆかしき伝統をできるだけ守り続けたいと考える私ですが、お客様との決済方法については改めたこともあります。

［第3章］

【販路開拓編】

地域一本勝負

～大手の全国展開が進むなか あえて掲げ続けた「地元密着」～

なぜ全国展開ではなく、地域一番店を目指すのか

私の会社は高松市で創業して40年になりますが、同じ高松の企業人としては、通販会社セシールの創業者・正岡道一さんがいらっしゃいます。

実は正岡さんとは少々個人的な付き合いがあり、会社経営について話し合ったことが幾度となくあります。

最初に出会ったのは1983年頃、場所は宇高連絡船の船内でした。「宇高」とは、岡山県玉野市にある宇野港と香川県高松市にある高松港の頭文字を取った名前で、連絡船は宇野~高松間を約1時間かけて運航していました。

その当時、私は友人と起こした会社で着物の仕入れを担当しており、毎月の初めの日には決まって、高松から京都まで出張していました。瀬戸大橋が開通したのは1988年なので、当時は飛行機もありましたが、主な移動手段であった連絡船に乗って本州に渡っていました。

その連絡船にたまたま乗り合わせていたのが正岡さんでした。なんとなく知り合って名

刺交換しましたが、当時はまだ「セシール」という社名ではなく、東洋物産という社名でした。会社の設立当初は看護師さん向けのストッキングが主な商品で、そこから商品を拡充、通信販売事業に転換して一気に業績を拡大されました。お会いするたびに正岡さんの会社は大きくなっていって、1983年、年商200億円を達成した頃にセシールへと商号変更したのだと記憶しています。

同郷のよしみか、正岡さんは販路はこうすれば広がるとか、広告代理店と組めば年商は一気に2倍になるとか、いろいろなことを教えてくれました。正岡さんは有言実行タイプで、「あと5年で年商400億円にする」「10年後は年商1000億円にする」など、自ら宣言した目標を次々に実現していきました。

私に会うたびに、正岡さんは「君も全国展開を考えてみてはどうか。ノウハウはすべて私が教えてあげるから」と言ってくれました。しかし、正岡さんの話を聞くうちに、私自身は「着物という商品で全国展開はあり得ない」という思いを強くしていきました。

「そう考えるのはなぜ？　現に着物を通信販売している業者もいるじゃないか」と、正岡さんは怪訝《けげん》な表情を浮かべます。そのときはうまく答えられませんでしたが、今ならある程度は説明できます。

私が「着物販売事業は通販で全国展開できない」と考えた理由は三つあります。

理由その1は、高級な着物はファストファッションの洋服のように、同じ色柄の商品を大量に生産できる商品ではないからです。着物の反物サイズは基本的に40㎝×13・5m。これが1反で、同じ反物は12反までしか生産されません。つまり、ひとつの色柄は全国でも最大12点しか存在しないわけです。これだけ数が少ない商品をカタログに載せて全国に配布しても、あまり意味がありません。

理由その2は、着物はオーダーメイドが基本だからです。着物は既製品の洋服とは異なり、着る人の体形に合わせて採寸をし、一着ずつ専門の仕立て屋さんが仕立てて完成させます。完成まで、採寸から4~6週間程度とたいへんな手間と時間がかかるため、業者は基本的にお客様一人ずつにしか対応できません。全国に1万人のお客様がいた場合、その一人ひとりに事細かな個別対応ができるのかというと、どうもできそうになく思えます。

理由その3は、着物は対面販売によって商品を売ると同時に、「着物を着る」という日本文化もお伝えしているからです。昭和初期頃までの日本人は、礼装から普段着まで、着物の着方も身につけていましたし、手入れや保管の方法も熟知していました。ところが、日本人の生活が西欧化するにつれて、着物の着方も手入れの仕方も分からない日本人が圧倒的に増えました。今、お客様に着物を販売し、それを上手に着こなしてもらおうと思えば、着物販売業者が手取り足取り、ノウハウを伝えなければなりません。しかし、そこを面倒くさがっていては、着物文化という日本人の貴重な文化遺産を後世に継承していけません。私たち着物販売業者は着物文化を残すために日夜心を配っているのです。もし、全国展開することでこの部分がおろそかになるようなら、それこそ本末転倒になってしまうでしょう。

正岡さんには、ここまで詳細な反論はできませんでしたが、着物販売は通信販売での全国展開はできない（というより、全国展開したくない）という私の思いはある程度伝わったと思います。

「先ほど、着物販売で全国展開は考えていないと言いましたね。では、君の目標とするところはなんですか」

正岡さんにそう質問されて、自分でも知らず知らずのうちに設定していた目標に初めて気づきました。それは「地域一番店になること」です。

着物という商品は、お客様と販売員が人と人との信頼関係をベースに販売されるべき商品。お客様と販売員は日常的にいつでも交流できる距離にいなければならず、究極の地域密着型商品といえます。地元にいるからこその強みを活かし、頻繁に顔を合わせ、頻繁にお話ししながら売っていく商品なのです。

しかし、この地域密着型という設定は諸刃《もろは》の剣《つるぎ》です。裏を返せば、「地域以外では売れない」ということだからです。私の会社に関していえば、香川県にあるお店は香川県でしか売れない。つまり、パイがきわめて限定されてしまうわけです。そして、そんな狭いなかでも生き残っていくためには、まさしく地域一番の店にならなければならない。地域一番店だからこそお客様に信用されるし、地域一番店という評価が定まっているからこそ、お客様が望む商品をあらゆる問屋さんから仕入れることができるわけです。

正岡さんは黙って私の話を聞いていましたが、最後は晴れ晴れとした笑顔で、「そうか、分かった。君は地域一番店を目指せ。オレは通販で全国展開一番を目指す」と言ってくれました。

　正岡さんとはもうひとつ、忘れられないエピソードがあります。あるとき、高松市内で食事をして、正岡さんの運転手付きリムジンが待機しているところまで、商店街を数百m並んで歩きました。すると、私に対しては、「あら、桂さん！」「奥山さん、お元気」など、商店のご主人や通行人から盛んに声がかかるのですが、正岡さんに声をかけた人は一人もいませんでした。リムジンの待機場所まで着いたとき、正岡さんは実に悔しそうな顔をしながら私を横目で見てこう言いました。

「年商1000億の私ではなく、年商5億円の君にだけ、なぜ声がかかるんだろう……」

「これこそが私の目指している、地域一番店の魅力ですよ」

　正岡さんは「そうか……」と納得しながら、苦笑いしていました。

逆風のなか、どのように着物を販売するか

　日本人のライフスタイルが欧米化するなか、着物販売というビジネスはすでに斜陽産業の一つに数えられています。ほとんどの日本人が「着物」との接点をほぼ失ってしまって

いる今、一人でも多くのお客様に着物をお買い上げいただくには、かなり思い切った戦術を実行しなければならないでしょう。

とはいえ、こうした逆風に立ち向かうのは、私にとって初めての経験ではありません。なぜなら28歳で異業種からこの着物販売の世界に飛び込んだ時も、やはり強い逆風にさらされたからです。その当時の私は、果たしてどんな戦術に打って出たのか、そのお話をしたいと思います。

着物販売の世界では、実際に商品を販売する前に、まずお客様の信用を得ることが何よりも重要です。しかし、着物の世界の門外漢だった当時の私が、お客様の信用を得ることはなかなかできませんでした。これは第1章にも書きましたが、デパートで販売されているものとまったく同じ男物の大島紬を仕入れたのに、デパートの売値から10万円引きにしても売れなかったのです。この事実は私に大きな衝撃を与えました。デパートと同じことをやっていても絶対に勝てないことが明らかになったからです。

では、着物販売業の新参者として、デパートや老舗販売店と対抗していくにはどうすればいいのか。そのとき、私が考え出したのは、それまでの業界カレンダーを無視して、「真夏に振袖を売る」という戦術でした。

着物業界の常識を打ち破り、真夏に振袖販売会を開催

「着物」と「季節感」には切っても切れない強固な関係性があります。その着物を売る着物販売業界においても、季節ごとに取り扱う商品のラインナップはそれぞれ違ってきます。

着物販売業界では、大規模なセール（展示会）期間が年間4回設けられています。セールの名称や開催時期は業者や販売店ごとに微妙に異なりますが、大まかにいえば次のようになります。

●新春初市（例年1月中旬から）……春物や新作の晴れ着、翌々年向けの振袖など。

●夏物薄物展（例年5、6月上旬）……薄物を中心に絽や麻、浴衣など夏の着物を売り切る。

●秀作展・新作発表会（例年9月中旬）……秋物、冬物の新作発表会。

●バーゲン・感謝セール・誓文《せいもん》払い（例年11月中旬）……在庫商品の見切りセール。

セールの開催期間は業者や店舗によって異なりますが、短いもので3日間程度、長いもので2週間程度。自社店舗内、またはホテルの宴会場などのスペースを借り切って、大々的に展示会を開催します。お得意様、ご常連様全員に案内状を送付するだけでなく、新規のお客様にも、DMや折り込みチラシなどで広く宣伝するケースもあります。準備期間はそれぞれ2週間から1カ月程度でしょう。

年4回のセールはお客様の注目度も高く、販売業者にとっては書き入れ時で、セール期間中はお客様対応（場合によっては送り迎えも）から商品の追加やディスプレイ、外部の会場を借りる場合は貸主との交渉など、仕事は多岐にわたって多忙を極めます。

しかし、忙しいのは年4回のセール期間とその前後だけで、何もイベントのない日は逆に時間を持て余すこともあります。

着物販売店は、新規のお客様が数多くひっきりなしに来店するような営業形態ではありません。特にイベントのない一般的な営業日、来店客の半分以上は常連さん、今風にいえばへビーリピーターで、そういったお客様がぽつりぽつりとやって来る程度。着物販売店は来店客に対応するだけでなく、しばしば外商にも出向きますが、それにしても、「一日のスケジュールがびっしり埋まっている」という日はほとんどありません。

仕事の忙しさは、季節によっても異なります。年間のセール期間を見ても分かるとおり、夏物薄物展を終えた7月から秀作展が始まる9月まで、おおよそ3カ月のブランクがあります。特に真夏の7月・8月は、着物販売業者にとって夏枯れの時期なのです。

「夏なら浴衣が売れるじゃないか」と反論する方もいるかもしれません。しかし、私がこの業界に飛び込んだ1972年当時、浴衣は現在のようにプレタポルテでは販売していませんでした。浴衣を着るには、まず反物の状態で購入し、お店で仕立ててもらう必要がありました。

そうなると、7月・8月に浴衣を着たい場合、遅くとも5月末までに購入しなければなりません。6月末までには仕立てた浴衣の納品は終わっているので、7月・8月になると売るべき商品がないのです。お客様からオーダーが入れば話は別ですが、いくら着物が大好きな常連さんであっても、真夏の暑い盛りにはさすがに「着物を作ろう」という気分にならないようです。そんなわけで、毎年7月・8月はどのお店も開店休業状態。毎日が間延びした夏休みみたいなものです。

異業種からこの世界に飛び込んだ私は、この開店休業状態に驚きました。現代社会でこんなビジネスが存在していること自体、「どこかおかしい」と言わざるを得ません。「仕事がなければ、仕事を作ればいいのでは?」おそらく、ごく普通のビジネスパーソンならそう教育されているはず。ところが、高松市内に現存する着物販売店の大多数は、百年単位の歴史を持つ老舗。現社長は初代から数えて5代目とか、7代目とか、とにかく世襲制で経営者になった人が多いのです。そんな人たちにとって、「真夏には仕事がない」ということは、先代、先々代から続いている「当たり前のこと」。皆さん「そういうものだ」と思っているので、特に疑問も抱かず、毎年、のほほんと商売しているわけです。

しかし、7月・8月の2カ月間を漫然と過ごすのは、どう考えても時間がもったいない。この期間を有効に活用して、なんとか売上増に結びつけることができないだろうか……。

この業界に古くからいる人たちが動こうとしないなら、新参者である自分が動いて、着物販売業界の商慣習を変えるしかない！ そう決意したのは、この業界に転職して2年目の1973年。自分たちには伝統も信用もありませんが、ほかの老舗販売店に比べて、「30歳」という若さは武器になると思いました。この若さを活かすには、やはり若いお客様をターゲットにしたほうがいい。そこで思いついたのが、「真夏の振袖販売会」です。

振袖といえばそれまで、実際に振袖を着る娘さんのいないところで、成人式の2年前の秋～冬くらいにお金を出すお母様やおばあ様が色・柄を決めるケースがほとんどでした。その年の年末に大都市圏の学校や勤め先から帰郷した娘さんに色・柄を確認させて、それから仕立てに移るというパターンです。

しかし私は、実際に振袖を着る娘さん本人が色・柄を決めたほうがいいと考えました。もちろん、お母様やおばあ様の見立てやアドバイスも必要ですが、振袖は未婚女性の第一礼装であり、成人式以外にも着る機会は多いのですから、やはり本人の気に入った色・柄のほうが頻繁に着ていただけるはずです。そして本人に振袖の色・柄を選んでいただくとすれば、年末に帰郷するタイミングではなく、その前の、夏休みに帰郷するタイミングではないかと考えました。

とはいえ、真夏の暑い盛りに、お客様は振袖販売会場まで果たして足を運んでくれるだろうか……。

幸いにも、高松市内で完成したばかりの10階建てマンション最上階に、私の知人の知人が部屋を持っていました。今では信じられないかもしれませんが、1972年といえば、マンションという建物自体珍しがられる時代でした。特に、10階建てという高さも、当時は珍しかったと思います。そこで、その知人の知人に頼み込みまだ入居前の3DKの住居丸ごと、販売会場に使わせてもらうことが決まりました。狙いは、地元の10代後半の女性と、夏休みで高松に帰省している女子大生と女子短大生。その当時、私の考えたキャッチコピーは次のとおりです。

「マンション最上階のクーラーの効いた涼しいお部屋で、あなたの振袖を選びませんか⁉」

あとは、季節外れの商品である振袖を真夏にどれだけ集められるか。販売会は8月10日から8月20日までの11日限りでしたが、途中で商品が品切れになるのは最悪なので、最低でも80枚は必要です。しかし、着物販売会社を設立してまだ2年目の私たちには、それだけの商品を買い取る資金力がありませんでした。そこで、日頃から懇意にしている室町通の問屋さんに相談したところ、大笑いされてしまいました。「あなたはまだこの世界の素人だから分からないかもしれないけど、真夏に振袖なんて絶対に売れっこないですよ」

とはいえ、もうマンションの部屋も押さえていますし、今さら後戻りはできません。「振袖を仕入れる資金はあまりないのですが、20枚は必ず買い取るので、プラス60枚、貸してもらえませんか?」。そのように交渉すると、あっさりOKが出ました。「この時期、振袖が商品として動く気配はないから、どれでも好きな振袖を選んで持っていっていいですよ」

こうして、どうにか開催にまでこぎ着けた「真夏の振袖販売会」は、想像していたよりもはるかに盛況でした。「真夏に振袖?」と多くのお客様に興味を持ってもらい、「マンション10階で開催」というのも、地元では話題になったようです。なにしろ、当時はそんな高さから高松市内を見下ろす経験などめったにできないので、なかには展望台に遊びに行く感覚で来たお客様もいたようです。ともあれ、実際に売上も伸び、28枚も売れたのです。手前味噌ながら、真夏の振袖販売会は大成功でした。

愉快だったのは、借りていた振袖を問屋さんに返しに行ったとき。80枚丸々戻ってくると思っていた問屋さんは、28枚も売れたという事実に、本当に目を真ん丸にして驚いていました。

「へぇ～、絶対に売れないと思ってたんだけど、やってみるもんだねぇ」

その後、着物販売の業界では、「高松の若造が夏場に振袖を大量に売った」という事実がちょっとしたニュースになりました。なんでも、夏に振袖販売会を開催したのは、業界初だったそうです。私たちはその翌年以降も「真夏の振袖販売会」を継続し、私たちに追随する店があちこちに現れました。以来、「夏に振袖を売る」という売り方は、大手の販売店を中心に現在でも行われています。

やる気と行動力さえあれば、この業界は変えられる！　私にとってこの販売会は、そんな自信を得ることができた出来事でした。

振袖姿を楽しむための成人式記念パーティーを企画する

この話にはまだ続きがあります。

1973年の真夏に振袖を購入してくれたお客様の多くは、翌1974年1月15日の成人式に出席するはず。その当時はまだ、成人式は毎年決まって1月15日に行われていました。そこで、お客様の振袖姿をこの目で確認しようと、高松市の成人式（二十歳の集い）が行われる会場にあたかもプロのカメラマンのように、革ジャン・革パンツ姿で一眼レフカメラを首からぶら下げて足を運びました。

お客様は全員、私のことを覚えてくれていて、5カ月ぶりの再会をともに喜びました。その後、お客様単独＋お友達との記念撮影。これも顧客サービスの一環で、写真は後日皆さんに郵送しました。

せっかくなので、成人式を終えたばかりのお嬢様方にインタビューを敢行。すると何人かは、「今夜同窓会があるので、振袖姿のまま出席する」と教えてくれましたが、そのほかほとんどの人が「午後2時に成人式が終わると、その後の予定は何もない」ということでした。「まっすぐ帰るのもつまらないし、公園でぶらぶらしてから帰る」とか、「友達とお茶して帰る」とのこと。それを聞いて私は「もったいない！」と思いました。彼女たちにとってはおそらく、人生で最初の晴れ着の振袖姿。一着何十万円もする優美で華やかな振袖を着て、髪も高いお金を払ってセットしてもらったはずなのに、そのお披露目の場が成人式の会場だけしかないとは……。これでは完全に宝の持ち腐れです。

そこで、私たちはその翌年の1975年から毎年、高松市内のホテル宴会場を借り切って「成人式記念パーティー」を開催することにしました。パーティーの開始は、高松市の成人式が終わったあとの午後3時。招待するのは、私たちの店で振袖を買ってくれたお客様中心。また、特別ゲストとして著名な芸能人を呼ぶことにしました。記念すべき第1回のゲストは、その当時好感度ナンバーワン俳優として名をはせた石坂浩二さん。私は一時芝居の世界にいた関係で（芝居の世界といってもきわめて端っこのほうですが）、一部の芸能人にコネが利いたのです。振袖姿のお嬢様方には、こうした晴れやかなパーティーに出席することで、「振袖を着て別人になった自分」を心ゆくまで楽しんでほしいと思いました。

ちなみに、着物販売店が成人式記念パーティーを開催したのも、私たちが「初」だったとか。先の真夏の振袖販売と同様、業界内でニュースになりました。幸い、この試みは多くの皆さんに喜ばれ、評価されたようで、翌年の1976年以降、市内の別の着物販売店でも同様のパーティーを盛んに開催するようになりました。

夜の仕事の女性を対象に、深夜の着物販売会を開催

売上や仕事の忙しさが季節ごとに大きく変動する着物業界の実情に驚いた私は、自分たちのビジネスにおいて、年間を通しての売上をある程度均等化し、12カ月間きちっと商いしようと考えました。

年4回の特別セールに頼ることなく、1年12カ月間、できるだけ均等に売上を積み重ねていく――。そのように私たちの店の方針を決定してからは、隙間時間を埋めるよう、さまざまなアイデアを実践していきました。「真夏の振袖販売」という、ある意味実験的な試みが成功したことで、新たな企画を考え、それが成果を生むという楽しさも感じていました。「真夜中の着物販売会」も、その当時実現させたアイデアのひとつです。

着物を着る職業といえば、舞妓さんや芸妓さん、歌舞伎役者などを思い浮かべますが、1970年代には高級クラブで働く夜の商売の女性たちも一部は着物姿でした。しかし、彼女たちの生活はしばしば昼夜逆転しているはずで、新しい着物を作りたいと思っても、

着物販売店まで足を運べる機会はあまりないのではないかと想像できました。

その当時、着物姿で接客する女性がいるような高級で格式のあるクラブほど、毎晩深夜0時きっかりに閉店していました。

また、そうしたクラブは、高松市内随一の繁華街&歓楽街に多いため、街中からほど近いホテルのホールを借り切って、着物の展示販売会を開催しました。題して「真夜中の着物販売会」。イベントの開催時間は深夜0時から翌朝8時まで。1974年6月のことです。

高松市内の飲食業組合に事前に話を通しておいて、市内のバーやクラブにも案内チラシを直接配布していたので、当時は意外に多くのクラブで働く人たちがやってきました。なかには、アフターで裕福そうな男性を同伴している人もいます。

このイベントでは、一晩で着物（訪問着、小紋、御召など）はかなりの枚数が売れました。また、このイベントをきっかけに、クラブやスナックでお仕事をしている多くの方たちと知り合うことができ、その後の販路拡大にもつながりました。

小豆島と離島に外商キャラバンを敢行

離島への外商キャラバンも、その当時私たち〝新参者〟が新たに始めた着物販売方法のひとつです。

江戸時代の高松は、禄高《ろくだか》12万石の高松藩松平家が11代、228年間にわたって治めていた城下町。高松城の一部は今も現存し、国の史跡と重要文化財に指定されています。そうした土地柄だけに由緒ある旧家が多く、市内の着物販売店のお得意様になっています。かつて高松市内に40店以上の老舗着物店があったのも、この町ではそれだけ着物に対するニーズが高かったのだと推測できます。

着物の販売方法を大別すれば、お客様に店舗までご来店いただいて販売する「座売り」と、常連のお客様のご自宅に反物を持ってうかがう「外商」の2パターンがあります。デパートは基本的に店売りのほか「外商」で販売することが多く、老舗着物店は「店売り」と「外商」が半々といったところでしょうか。

一方、店を開いた当時の私たちにご常連は一人もいませんでしたから、基本的に「座売り」が中心でした。「自分たちでも、どこかへ外商に行くことはできないだろうか？」と考えて思いついたのが、高松市から北東約20㎞の瀬戸内海に浮かぶ小豆島と、その周辺の離島です。小豆島は香川県小豆《しょうず》郡に属する島で、小豆島町《しょうどしまちょう》と土庄町《とのしょうちょう》の２町からなり、人口は当時合わせて約４万人。それなりの規模を持つ島ですが、調べてみると、着物販売の外商はこれまでほとんど行われていないことが分かりました。高松は当時も人口35万人以上の地方都市であり、旧家のお得意様が多い土地柄ですから、市内だけで十分な売上が達成できるため、デパートも老舗着物店も、わざわざ小豆島まで外商に出かけていく必要など感じなかったのでしょう。だとすれば、こちらから小豆島やその周辺の離島に出かけていけば、多くのお得意様を獲得できるチャンスがありそうです。

　こうして１９７５年７月、私たちは３人でチームを組み、２日間の日程で「小豆島と離島・外商キャラバン」を実施しました。「外商」といいながら、実際にはアポも取らずに飛び込みで訪問するため、正確には「訪問販売」に近かったです。それでも、それまでに着物の外商でやってきた業者はほとんどなかったため、「私たちは高松でがんばっている着物屋です！」と訪ねていくと、喜んで歓迎してくれるお客様が多かったです。実売数はそれほど伸びませんでしたが、その後の売上につながり、紹介のお客様ができました。小豆島や直島諸島のお客様とは、今でも交流が続いています。

問屋の社長に頼まれ、小売店向け「販売戦略セミナー」を開催

この業界に入って2年を過ぎると、着物販売業界のなかでも知人や顔見知りが増え、業界のさまざまなしきたりや商慣習も分かってきました。また、自分で言うのもおかしいですが、着物問屋の人たちからはかわいがってもらったと考えています。その理由は、第一に私が若かったこと。着物販売店では仕入れが最も重要なため、仕入れを担当するのは店主や幹部クラス。たいてい50～60歳代のおじさんばかりです。しかも、着物業界には「川上・川中・川下」という厳然たる〝上下関係〟があるため、小売店（販売店）側の問屋に対する態度は概して横柄であり、態度にこそ表さなくても、〝上から目線〟で問屋に接する人がほとんどです。そうした上下関係は過去数百年も続いているもので、問屋側も「川中と川下の関係はそういうもの」と諦め、割り切ってはいますが、内心はやはり、小売店側の対応を「面白くない」と思っているはず。そこへ、私のような若造が現れ、「着物の

ことはまったくの素人なので、いろいろ勉強させてください」と小売店側から頭を下げてくるのですから、「できるだけ協力も応援もしてあげよう」と思ってくれていたのではないでしょうか。

また、ほかの小売店に比べて、私たちはどこよりも多く問屋さんと接触していたと思います。一般的な着物販売店は、年4回のセールを中心に商品を仕入れているため、毎月毎月問屋さんに顔を出している店はまれだと思います。しかし私たちは、1年12カ月間でできるだけ均等に売上を上げたいと考えていたので、真夏の振袖や深夜の着物など折に触れて企画を考え、その都度問屋さんとも相談していました。12カ月すべての月初には京都・室町通に出張し、さらに必要とあれば京都に日参しました。その結果、人付き合いという意味でも、多くの問屋さんと良好な関係が築けたのではないかと自負しています。

あれはこの世界に入って2~3年目のことだったと思います。懇意にしている問屋さんから私に「セミナーを開講してほしい」との依頼がありました。最初はなんのことか分かりませんでしたが、その問屋さんと付き合いのある複数の小売店が営業不振に苦しんでいるので、「業績を改善するための販売戦略の立て方について、小売店経営者の皆さんに解説してあげてください」と言うのです。

その頃になると、「高松の若造が、いろいろとユニークな方法で着物販売の実績を上げている」と業界でも話題になっていたようで、だからこそ、そういう依頼が来たのでしょう。しかし、こちらは着物業界では新参者で、業界のことも商品のことも、素人に毛の生えた程度の知識しかありません。「そんな自分が小売業の大先輩たちにレクチャーするなんておこがましい」と、最初は辞退しました。

ところが、「皆さん本当に困っているので、どうか助けてあげてほしい」と拝み倒され、問屋さん側の用意した会場で「着物を売るための販売戦略セミナー」と題して2時間お話しすることになりました。

具体的に何を話したのか、その内容の詳細まではもう覚えていません。しかし、おおむね、本章でこれまで語ってきたこととほぼ同じだと思います。主には、12カ月間同じ売上を作る販売計画が中心です。

まず、他者にはない自分の強みを発揮する方法を考えること。私たちの場合は、自分たちの若さ、さらにいえば発想の自由さを武器にしました。その実例が真夏の振袖販売会です。

さらに、デパートや老舗販売店とは異なる土俵で勝負すること。これについても、着物販売における王道からあえて脇道に外れることで、突破口を見いだしました。その実例が、深夜の販売会や小豆島への外商というわけです。

友人と別れて独立し、桂を設立

友人Xと一緒に会社を創業してちょうど干支《えと》が一回りした12年後、またしても転機が訪れます。Xと袂《たもと》を分かち、私が会社を出ることになったのです。

Xは私の高校時代からの友人であり、「一緒に呉服（着物）で勝負しよう」と、今のビジネスのきっかけをつくってくれた恩人でもあります。

友人ですから、もちろんずっと仲は良かったです。会社では彼が社長で、私が専務。仕入れから販売までの実務はすべて私が担当し、彼は財務や経理などスタッフ部門を統括していました。こうした分業も、うまくいっていたと思います。

とはいえ、12年間もほぼ対等の立場で一緒に働いていると、ちょっとした行き違いや考え方の相違が蓄積していって、そうとは気づかないうちに、二人の間に少しずつ溝ができていました。それについてはお互いに認識していたので、本当にケンカ別れしてしまう前に、それぞれ別の道を歩き始めようということになったわけです。お互い40歳ですから、年相応に分別ある決断だったと思います。

登記上は、それまで有限会社だった会社を株式会社にして、Xが代表取締役社長になり、私が新たな着物販売会社「株式会社桂」を設立して、代表取締役社長に就くことになりました。会社名を「桂」と名付けたのは、着物の聖地である京都北の比叡山の麓にある貴船神社の守りの木、桂の木の大木を見て、そこはかとなく京都を感じさせる社名にしたいと思ったからです。

問題は従業員の処遇でした。私がそれまでの会社を離れる時点で、従業員は15人いました。全員、私が面接して採用することを決めた人たちです。

最終的には、個々の従業員の意思を尊重することにしました。このまま会社に残ってもいいし、今の会社を出て私の会社に来てもいい。

「半分くらいは私についてきてくれるかなあ……」と期待していましたが、15人が15人とも、私についていくという、思ってもみない展開になりました。

　これにはうれしい半面、少々焦りました。というのも、今まで実績も何もない新会社で、いきなり従業員15人を養っていかなければならなくなったからです。15人の従業員とその家族の生活が、私の両肩にずしりと重くのしかかりました。さらに頭の痛いことに、彼らには「それまで勤めていた会社を辞めて、新しい会社に転職した」という意識がまったくありませんでした。こちらの説明不足もあったと思いますが、「単に会社名が変わっただけで、給料もボーナスも今までどおり支給される」と思い込んでいたのです。

　もっとも、それも無理のない話かもしれません。もともと社長のXは裏方に徹していたため、日常業務では従業員たちとの接点がほとんどありませんでした。私が実働部隊を指揮していたので、彼らからすれば社名と店舗が変わっただけで、それまでとまったく同じ人間関係が維持されていたのですから……。

　今だから話せますが、15人の従業員を養わなければならなくなったことは、私にとって大きなプレッシャーになりました。心身ともに不調をきたしたため、ごく短い期間でしたが、心療内科に通わなければならなくなりました。

京都の着物問屋の多くからの取引停止宣言

１９８４年9月5日、友人の会社から独立して今の会社を設立したとき、さらに思ってもみなかった逆風に見舞われました。12年間にわたり懇意にしていた室町通の着物問屋さんから、「あなたの会社とは今後一切取引しない」と言い渡されたのです。

「あなたの会社」とは、新たに設立した「桂」のこと。実際に仕入れを担当していたのはこの私ですが、各問屋さんが12年間取引していた相手はあくまでも前の会社。つまり、そこから独立して別の会社を立ち上げた私は裏切り者であり、お得意様の競合相手であり「敵」であると見なされたのです。

つい先日まで仲良くしていた問屋さんたちから、いきなり〝手のひら返し〟を食らったのはショックでしたし、悔しい思いもしましたが、心の片隅には「さもありなん」という思いもありました。

着物販売の世界、とりわけ室町通の問屋街は、古いお馴染みさんを絶対的に大事にする一方、新参者に対しては受け入れなかったり、冷たくあしらったりします。そんなある意味、閉鎖的かつ排他的な行動パターンこそが、時代の荒波にもまれながらも古式ゆかしい着物文化の伝統を守ってきたのです。もし、これが逆の立場で、自分のほうが古いお得意さんなのに、新参者のほうを手厚く扱おうものなら、それまで築いてきた問屋さんとの信頼関係は一気に崩壊するでしょう。着物販売の世界では、お馴染みを優遇することこそが正義であり、正解なのです。

そういった道理は頭で分かっているのですが、現実問題として、問屋さんが着物や帯を卸してくれないとなると、新たに立ち上げた着物販売のビジネスがたちまち立ちゆかなくなります。

しかし、幸いにも室町通の染めを中心とした問屋と織りを中心とした問屋の2軒だけとは取引させてもらえることになりました。多くの問屋さんがそっぽを向くなかで、織りの着物専門の問屋さん1軒と、染めの着物専門の問屋さん1軒だけが取引に応じると約束してくれたのです。

「着物」には大きく分けて二つの種類があります。「織りの着物」と「染めの着物」です。

「織りの着物」は、色を付けた糸を織ることでさまざまな絵柄や模様をつくり出す着物です。糸のつむぎ方や織り方で、紬・絣《かすり》・西陣織などの種類があります。

紬は蚕の繭から採れる真綿で織った絹織物で、産地別に大島紬・結城紬・小千谷紬・置賜《おいたま》紬・牛首紬・久米島《くめじま》紬などがあります。絣は木綿による織物で、部分的に染め分けて柄を出した絣糸を織ったもの。久留米《くるめ》絣・十日町《とおかまち》絣・備後《びんご》絣・弓浜絣・琉球《りゅうきゅう》絣・伊予絣などがあります。西陣織は京都の西陣で織られた、金銀の糸を使った豪華な絹織物。絹織物としては博多織・黄八丈も有名です。麻を使った織物には越後上布・宮古上布・小千谷縮《ちぢみ》などがあります。

「染めの着物」は、まず生地を織り上げ、そこに手描きや型染め、絞りなどで絵柄や模様を付けている着物のこと。友禅染・小紋・絞り・ちりめんなどの種類があります。友禅染は江戸時代の絵師・宮崎友禅斎が編み出した技法で、生地に直接絵を描くように染めたもの。特に有名なのが京友禅で、京友禅にも手描き友禅と型友禅があります。また、落ち着いた絵柄の加賀友禅も人気が高いです。小紋も染めの着物で、型紙を使った美しいデザインの京小紋、シンプルな図柄の東京染小紋があります。絞りは白い糸で縛ってから染めることで模様を出した着物で、有松絞・鳴海《なるみ》絞・京鹿の子絞などがあります。ちりめんは糸を強くよじってから織って色を付けた絹織物で、独特の触感があります。丹後ちりめん・浜ちりめん・本塩沢・首里織・芭蕉布《ばしょうふ》・八重山上布などがあります。

「染め」と「織り」の問屋2軒と取引できれば、着物全般を仕入れることができます。また、帯揚げ、帯締めなどの小物を扱う問屋さんも1軒見つかりました。

なお、前の会社時代に取引のあった金融機関も、そのほとんどが私に背を向けましたが、高松信用金庫だけ、独立後も取引を継続すると言ってくれました。織りの問屋1軒、染めの問屋1軒、小物の問屋1軒、取引銀行1社。最低限、これだけの武器がそろえば戦えます。従業員たちの給与を確保するには、独立後ただちに商いを始めなければいけません。とにもかくにも、私は走り出しました。

ついてきてくれた多くのお客様に感謝

会社から独立して同業の会社を起こす場合、それまでのお客様にどのように対応するかも大きな問題です。特に私たちの場合、専務の私が営業部門担当、社長のXが管理部門担当で、すべてのお客様は私としか面識がありません。

とはいえ、それらのお客様に対して、私はあくまでも前の会社の一員として接していたので、お客様は全員、前の会社の顧客として残ってもらうのが筋だと考えました。

すると、多くのお客様は次のような反応を示したのです。

「あなたが会社を辞めて独立することは理解しました。でも、商品はあなたから買ったのだから、商品代金もあなたにお支払いしたい」

ありがたいお言葉です。そこでXと話し合い、次のような取り決めをしました。

現在、売掛金が残っていて、私に代金を支払いたいというお客様に対しては、私が集金して、前の会社に納付する。そして売掛金を完済したら、次に購入する着物をどちらの店で買うかは、お客様の自由意思に任せる。

実際には、私や一緒についてきた従業員の売掛の集金を担当したお客様は80組ほど。集金したお金は全額前の会社に納めました。すべてのお客様からの集金が終わるまで8カ月かかりましたが、その後はほぼすべてのお客様が私の新会社のほうを選んでくれました。前の会社では12年間、信用もブランド力もないなか必死に着物を販売してきましたが、12年経ってそれがようやく報われたようでうれしかったです。そして当時、私どもを選んでくれたすべてのお客様には、もう感謝しかありません。

高松中央商店街に新会社・新店舗を構える

新たに着物販売業を始めるにあたって、まずは業務の拠点を定めなければなりません。私たちの場合、お客様をお招きする店舗、商品を保管するバックヤード、日常業務をこなすオフィスの3つがなければなりません。新会社立ち上げ直後で運転資金はカツカツですから、それぞれ別個に用意するような贅沢はできません。そこで、店舗としての機能を最優先に考え、商店街の中に店舗を借りることにしました。

高松市最大の商店街は、JR高松駅からほど近い高松中央商店街です。兵庫町・片原町西部・片原町東部・ライオン通・丸亀町・南新町・常磐町《ときわちょう》・田町の8つの商店街で構成され、アーケードの総延長は2・7㎞。そこに800を超える店舗が立ち並び、アーケードの長さは日本一です。

私たちは、この商店街の外れに店舗を借りることにしました。といっても、お客様の入店しやすい1階と2階は家賃が高いので、借りたのは3階です。家賃は1、2階の3分の1ほど。高松中央商店街を知っている人は、「あの商店街に3階なんてあるの?」と驚かれるかもしれません。

自分の会社を立ち上げ、新たな店舗を開くこのタイミングで、私は以前から温めていたアイデアを実験してみようと考えました。それは、「店舗にあえて定休日を設けない」という実験です。

私たちの店舗がある高松中央商店街を実際に歩いてみると、週に一日の定休日を設けているお店もありましたが、最も多いのが月に二日の定休日を設けているお店でした。例えば、「第1・第3水曜日定休」といったかたちです。

しかし、私は以前から疑問に思っていました。毎月安くない家賃を払って借りている店舗なのに、週に一日や二日休んでしまうのは、もったいないのではないか。深夜ならともかく、人が起きて活動している時間帯に店を開けていないということは、それだけ営業機会をむざむざ捨てているのではないかと思ったからです。

次に、家賃の面からも考えてみます。例えば、ある店舗を月100万円で借りているとしましょう。もし、多くのお店のようにその店舗に月二日の定休日を設けたとすると、1年で24日間休む計算になります。24日間といえば、ほぼ1カ月に該当します。つまり、大雑把にいえば、1年に約1カ月分の家賃を無駄に払っている計算になります。年間1200万の家賃のうち100万円近くが無駄になっているのです。これはきわめてもったいないといえるのではないでしょうか。

門前払いされた問屋から届いた展示会の案内状

独立しておおよそ3年が過ぎた頃、私の周りに漂う空気が明らかに違ってきているのを感じました。

この3年間、友人と二人で起業したとき以上に、私は自分の体に鞭打《むち》って働き続けました。28歳で起業したときは、年齢が若すぎて、周りから「こんな若造で大丈夫か？」という視線を確かに感じました。しかし、京都の問屋さんの多くは私たちを好意的に見てくれていたし、応援してくれてもいました。それは、「素人で何も分からないので、一から教えてください」と、自分から頭を下げて問屋さんのほうに歩み寄っていったからです。

問屋さんをリスペクトする思いは、私のなかで、その後もずっと変わっていません。しかし40歳で起業をしたとき、多くの問屋さんが私との関係を断ち切りました。着物販売業界の川上・川中・川下の力関係でいえば、自分たちより力関係が上である得意先の小売店を裏切って独立した〝逆賊〟だと見なされたからです。

問屋サイドの、私に対する態度を一変させた切り替えは見事でした。つい先週まで、「奥山はん、いつもおおきに」と満面の笑みで迎えてくれていたお店の担当が、独立した途端、「会社の方針で、お会いできません」と、玄関の扉を閉めたまま私に門前払いを食わせたからです。28歳から40歳まで12年間も仕入れを担当して、室町通にある着物問屋約100軒のうち50軒くらいは仲良くさせてもらっていたのに……。

しかし私は、自分にとって良くないことが起きても、できるだけ速やかに水に流すことにしています。いつまでもくよくよ悩んでいたって仕方がないし、誰かを恨みに思っても良いことは何もないからです。京都はそれだけ昔からの関係性を大事にする土地柄で、それは自分でも以前から分かっていました。だから今は、取引してくれる3軒の問屋さんとのコミュニケーションを密に行い、できるだけ良い商品を仕入れてお客様に喜んでもらおう。そう気持ちを切り替えて3年間、がんばったのです。

すると、業績は3年間右肩上がりで伸びていきました。この調子なら、これからも会社をうまく運営していけそうだと確信めいたものが生まれていて、従業員数も順調に増え、皆楽しそうに働いてくれていました。そんなある日、向こうから絶縁したはずの京都の問屋さんから、懐かしい案内状が届いたのです。

一般にはあまり知られていないかもしれませんが、問屋さんも年に何回か定期的にバーゲンを行っています。問屋さんといえども、自分たちの扱っている商品を売りたい(卸したい)気持ちは同じですから、より多くの小売店に来てもらうためにセールを企画し、小売店には案内状を送ります。その問屋さんからの案内状は過去2年間受け取っていなかったので、3年目でようやく〝反逆罪の刑期〟が終わり、取引停止が解除になったのでしょうか。あるいは、私たちの会社の業績が伸びていることを何かで知って、それにあやかろうと和解を求めてきたのでしょうか。

ともあれ、私は案内状に記載された日時に合わせて、3年ぶりにその問屋さんに足を運びました。私が独立したときに前の会社からついてきてくれて、今では私の右腕として欠かせない存在となった番頭格の社員を連れて。

すると、その問屋さんは、この3年間何もなかったかのように、前の会社にいたときと同様、「奥山はん、毎度おおきに」とにこやかに迎えてくれたのでした。これには私も拍子抜けしましたが、こちらからわざわざ事を荒立てる必要もないので、必要な商談を行い、必要な商品の仕入れを約束して店を出ました。

その帰り道、私に同行した番頭格の社員は、目を三角にして怒っていました。

「なんですか、あの何事もなかったかのような態度は！　3年前、社長を門前払いしたくせに、それについて『申し訳ありませんでした』という謝罪の一言もなく、手のひらを返したかのように媚びを売ってくるんですから。社長も社長ですよ。『3年前はたいへんお世話になりました』とかなんとか、嫌味の一言でも言ってやればよかったのに！」

その社員があまりに興奮しているので、一旦コーヒーショップに入ってクールダウンしなければなりませんでした。

「そんなふうに私のために怒ってくれるのはありがたいけど、問屋さんとケンカしてもいいことは一つもないよ。それに、見ていてごらん。あと10年も経てば、今ある着物問屋さんの半数はおそらく廃業に追い込まれていると思う。着物販売をめぐる状況はそれほど厳しいものなんだ。だから、仲良くできる問屋さんとは終始仲良くしておくこと。近い将来、そこが生き残る唯一の問屋さんかもしれないんだから」

今思い返すと、あのとき私が社員に語った話は、ほぼそのまま現実のものとなりました。その後、〝取引停止〟していた多くの問屋さんとの取引が再開していきましたが、あれから35年以上経ち、そのうち半数はすでに廃業しています。

ただでさえ縮小を余儀なくされている着物販売の世界だからこそ、自分から世界を狭めるようなことは一切せず、「去る者は追わず、来る者は拒まず」の精神を貫くべきだと考えています。

郊外型着物販売店というスタイル

会社の業績は、少しずつではありますが、毎年プラス成長を続けていきました。従業員の採用もうまくいっており、毎年メンバーは増えていきました。

経営者である私としては、自社所有の土地に自社の店舗兼本社を建てたい。創業当初から、そんな夢のようなことを漠然と考えていましたが、店舗の賃貸計画が思うように進まないなか、この案がにわかに現実味を帯びてきました。総合的に見れば、自社の店舗を建てたほうがより経済的であり、将来に向けての可能性もより大きく広がると考えられたのです。

その当時、私の会社が借りていた高松中央商店街の店舗では、2階・3階合わせて月に約90万円の賃料ともう1店舗80万円を払っていました。年間、おおよそ2000万円です。これだけの家賃を払っているなら、むしろローンを組んで土地を買い、そこに自社店舗（自社ビル）を建てたほうが長い目で見れば合理的ではないかと思えました。

とはいえ、1989年当時、日本経済はバブル景気の真っただ中。その巨大な波は四国・高松にも押し寄せていて、不動産価格を大きく押し上げていました。商店街の目抜き通りにある一等地の売価は、坪単価1000万円。場末に近い商店街でも、坪単価350万円はしました。仮に40坪の店舗を建てるとして、土地代だけで1億4000万円。上物まで含めれば2億円は必要でしょう。中小企業の着物販売店に用意できる金額ではありません。自社で土地を買い、建物を建てるのはやはり無理なのだろうか……。

そんなふうに悶々《もんもん》と思い悩みながら、日々の仕事に取り組んでいた私は、あるとき、外商にうかがったお客様の自宅で、テーブルに広げられた住宅設計図のようなものを偶然見かけます。懇意にしているお客様なので、「これは家の図面ですか?」と聞いてみると、将来、娘さんのために建ててあげようと考えている住宅の、ごく簡単な設計図でした。聞けば、そのお客様は高松市郊外に広い土地を持っていて、そこに娘の家を建てようかと考えているものの、当の娘さんは「あんな辺鄙《へんぴ》なところに家なんか建ててほしくない」と、反対しているのだとか。なんでも、周りには道路も何もない、ものすごく不便な土地だそうです。試しに土地の値段を聞いてみると、坪単価27万円。商店街の地価の15分の1で、

30坪買っても810万円。40坪買っても1080万円。「これなら私でも買えそうだ」私は思わず、口走っていました。

「その土地を、私に売ってくださいませんか?」

「ええっ、今も言ったとおり、周りには田んぼくらいしかない、田舎の土地だよ。近くに道路も通ってなければ、電気・ガス・水道も通ってないんだ。お店を開ける場所とは思えないんだけど、買ってどうするの?」

「いや、買って何かを建てるとか、そういうことではないんです。会社として、不動産は何も持っていないので、とりあえず土地だけでも持っておきたくて……」

我ながら突飛な思いつきでしたが、あとから考えると、これが大正解だったのです。

そのお客様は、「土地を売ってもいい」という答えだったので、所有地の詳しい地番を聞いて調べてみました。すると、高松市松縄町というところで、土地の種類を表す「地目」ではいちおう「宅地」に分類されているものの、周囲は「田」と「畑」ばかりであり、近くにはほとんど人が住んでいないようでした。言ってみれば、陸の孤島のような土地です。

しかし、さらに周辺を調べてみると、該当する土地の少し西側に、そこからは北にある海のほうからまっすぐ南に延びている道路があり、それが該当地の手前100mくらいで行き止まりになっていました。もしも、この道路がもっと南に延びてくれれば、該当する土地の利便性は一気に高まります。

幸い、高松市役所の土地整備関連の部署に知り合いがいたので、その道路を今後延伸させる計画があるかどうか、調べてもらいました。すると、確かにその道路は延伸する計画らしく、太い点線が5㎞以上先まで続いているというのです。

「その道路が延伸する計画は確かにありますね。都市計画図に載っているから、延びることは間違いありません。ただ、それが5年先か、10年先か、20年先かは分かりませんが」

それでもいいと思いました。どうせ土地を買ってもすぐには建物を建てられないので、とりあえず土地を所有しているだけでいい。これも何かのご縁に違いないから、買っておくべきだ。そんな心の声が聞こえたのです。

すぐにメインの取引銀行である高松信用金庫に向かいました。そして、土地の購入について相談し、「近い将来、すぐ近くに比較的広い道路ができる都市整備計画がある」という情報を伝え、購入資金の融資をお願いしました。審査があっさり通り、桂の顧客でもある土地のオーナーから、郊外の辺鄙な土地180坪を5000万円で購入することができました。

話は前後しますが、店舗を拡大拡充しようと、あちこちの商店街を見て歩いたときのことです。その当時、全盛期から多少数が減ったものの、高松市内に30店舗ほどの着物販売店が存在していました。結局、それらの店舗についても見て歩くことになったのですが、見ていて「どうも面白くないなあ」と思いました。どの店舗も同じような造りで、「その店らしさ」という個性が少しも感じられません。そこで、「すでにこれだけ似たようなお店があるのに、自分がそこへ同じような店をさらに追加したところで、着物業界の何かが変わるのだろうか？」と疑問に思い、商店街に新たな店舗を出すことに、何かしっくり来ないものを感じたのです。

そのしっくり来ないもののひとつが、毎年必要になる特別セールのための費用です。

前述のとおり、着物販売業界では年4回の特別な展示会セールを実施しています。この特別セールこそ、商品が毎年最もよく売れるイベントであり、もはや特別セールなしでは着物販売店の経営は成り立ちません。年4回のセールはそれほどまでに重要であり、私の会社も年4回ホテルの大広間を借り切ってイベントを開催していました。

そのホテル大広間の賃料がバカにならないのです。一日のレンタル料はおよそ20万円で、イベントは年4回、1回平均5日間開催しますから、年間20日×20万円で、年間400万円ほどかかります。

また、この特別セールはお金だけでなく、たいへんな労力もかかります。1着50万円も100万円もする着物を並べるのですから、敷き詰める畳は美麗なものでなければいけません。そこで、セール前日まで宴会や会議を開いていたホテルの大広間に、従業員総出で美麗な畳を持ち込んで敷き詰め、さらにはさまざまな会場の飾り付けをしなければなりません。わずか4~5日間の展示会のために、毎回会場を設営したり撤収したりするのは、従業員にとって大きな負担になっていました。

この年4回の特別セールの費用と労力をなんとか低減する方法はないだろうか。そんなふうに考えていた矢先、先ほどの辺鄙な土地を買収する話が持ち上がったのです。

商店街に店舗を構える以上、年4回の特別セール期間は必ずホテルの大広間を借りなければならない。しかし、特別セールが開けるほどの広い店舗であれば、ホテルの大広間を借りる必要も、会場の設営・撤収を行う必要もなくなる。だとすれば、店舗は市街地の商店街にではなく、土地の安い郊外にあってもいいのではないか……。

今振り返ってみると、こんなふうに郊外型店舗の構想を持ち始めたのと、郊外の辺鄙な土地を購入しようと思ったのと、どちらが先だったか、はっきりしません。ただ、二つの考えが頭の中でいつの間にかひとつになって、気がつけば、「郊外の辺鄙な土地なら、いつでも展示会を開けるだけの広い店舗を建てることができる」と、明確なイメージができあがっていたのでした。そしてそれは、「着物販売店は商店街の中にあるもの」という既存のイメージから離れ、「郊外型着物販売店」という新たなスタイルへとつながっていきます。

高松市郊外の松縄町に土地を購入して6~7年経った頃、新たな展開がありました。以前、市役所勤務の知人に調べてもらった、道路の延伸計画を市が大々的に公表したのです。そのおかげで、私が購入した土地の地価も坪27万円から坪60万円へと値上がりし、将来的にさらに値上がりすることも期待できました。「土地を売ってほしい」という人が何人も現れましたが、私は売るつもりはありません。所有する土地の担保価値がそれだけ上がったのですから、これを機に上物を建設しようと考えたからです。

当初、銀行の審査が難航したのは、土地を購入した年から10年が過ぎ、着物販売という業種の将来性がさらに不透明になっていたからです。これから確実に衰退するであろう着物販売の業者に、店舗兼本社を建てるための巨額の費用を返済できるのか、と危ぶまれたわけです。確かに、業界そのものは右肩下がりで業績を縮小していましたが、おかげ様で、私の会社だけは増収増益を続けていました。最後には、その実績が評価され、店舗兼本社の建設費用1億8000万円の融資を受けることができました。

こうして建てられたのが、現在の本社である「桂・貴迎館」です。竣工は1997年1月。なお、高松市が「太田第2土地区画整理事業」の一部として延伸計画を発表していた道路は1998年に開通し、その後道路の一部は「レインボーロード」と名付けられました。今日では、レインボーロードには多くの商店が並び、賑《にぎ》わいを見せています。桂・貴迎館からレインボーロードまで、徒歩数十秒。三十数年前まで、ここが何もない辺鄙な土

桂・貴迎館

地だったとは、にわかには信じられないほどです。

郊外にあえて着物販売店本店を構える理由

1997年1月、高松市中心部から少し外れた松縄町に、自社ビルを建設したとき、着物業界ではちょっとした話題になりました。というのも、それまでの着物販売店の常識では、郊外に本店を設けた例は一つもなかったからです。

桂・貴迎館が建つこの界隈は、2024年の今でこそレインボーロードにほど近い住宅街になっていますが、ビルの竣工当時、この辺りには熊野神社以外にめぼしい建物は何もありませんでした。レインボーロードもまだ全面開通しておらず、この区画では下水道さえ整備されていなかったのです。はっきりいって、自社ビルができた当時のこの周辺は人里離れた僻地《へきち》であり、一般の人は「こんな辺鄙なところになぜ着物販売店ができたのか？」といぶかしく思い、着物業界の人は「なぜあまり人も来ないようなところにわざわざ本店を移したのか？」と不思議がったようです。

1990年代当時の着物販売店には販売形態を含め、次のような特徴がありました。

●本店は小さいながらも歴史ある繁華な商店街にある。
●日常的な販売の主力は外商である。
●年4回、ホテル大会場で行う展示会が売上の大半を占める。

本店が歴史ある繁華な商店街にあるのは、老舗としてのネームバリュー、信用、ブランド力をアピールするため。店舗の規模は小さくても、昔からある商店街の一角を占めていることこそが重要なのです。そうした商業地は昔からの店舗が多く、また地価も高いため、店を拡張しようとしても難しい。そのため、店舗にお客様を招いて商品を販売するより、裕福なお客様のご自宅に商品を持ち込んで営業する外商がメインでした。デパートはもともと外商に力を入れていたので、着物販売店がそれにならったかたちです。

このように、普段の営業スタイルは意外に地味ですが、その代わりに一気に爆発するのが年4回の展示会（特別セール）です。ホテルの大広間などを準備と後片付けも含めて3～7日程度借り切り、常連のお客様から新規のお客様まで幅広く招待し、商品も大量に展示して、ここぞとばかりに売りまくります。1990年代、高松市内にはまだ着物販売店が30店ほどあったと記憶していますが、そのほぼすべてがこうした営業スタイルをとっていました。

こうした着物販売店の常識にとらわれず、独自の発想で造ったのが私たちの自社ビルです。由緒ある商店街にではなく、あえて辺鄙な郊外に本店を構えました。なぜなら、辺鄙な郊外のほうが地価が格段に安く、規模の大きな建物を建てられるから。なぜ規模の大きな建物が必要なのかというと、年4回の展示会を毎月1回、自前の大会場で開催してしまおうと考えたからです。こうすることで、展示会のたびにホテルの大会場を借りるコストと労力をなくしました。事実、自社ビルの総床面積は590㎡ですが、そのうち常設展示場が300㎡を占めています。市の中心部からは離れているので、ご来店のお客様にはご足労をおかけしますが、その問題については「接客担当者が送迎すればいい」と考えました（今では皆さんご自分の車でいらっしゃいます）。

また、かつては展示会のない日に普通に行われていた外商という販売方法も、やがては下火になっていくだろうと予想していました。なぜ?と聞かれると返答に困るのですが、私のようにまったく違う世界から飛び込んできた新参者には、「以前からこの業界で生きてきた人たちには見えないもの」が見えるものです。そして、現実はそのとおりになりました。デパートの外商こそ今でも盛んなものの、着物販売店では今や、外商はほとんど行われていません。

高松の着物販売店が、高松郊外に自前の展示場付き本店を造った。このニュースは全国の着物販売業者が集まる京都・室町通の問屋街から全国に広まりました。おかげで、自社ビルを建設して数年の間、「見学させてほしい」という同業者が全国からやって来ました。今日では、郊外の大型着物販売店もそう珍しいものではありませんが、1997年当時は全国的にもまだ例がなく、相当に好奇の目で見られたものです。

［第4章］

【人材育成編】
古参社員こそ宝
～接客販売に最も必要なのは長年の知識と経験～

古参社員こそ、着物販売業界のメインの戦力

バブル経済が崩壊した1993年前後、「リストラ」というイヤな言葉が、社会経済問題に関する論評で盛んに使われるようになりました。

リストラは「リストラクチャリング（Re-structuring）」の略語で、本来は「組織再編」「再構築」という意味です。しかし、私たちの社会はいつの間にか、「解雇」「クビ」という当たりの強い言葉の代わりに、「リストラ」というカタカナ語を使うようになりました。こんにち、「リストラ」という場合の90％以上は「社員をクビにすること」を指しています。

真っ先にリストラの標的となったのが中高年の社員でした。俗に「あまり働かないくせに無駄に給料が高い」というのが標的にされた理由で、中高年バッシングの流れはその後もあまり変わらず、いまだに「働かないおじさん」「使えないおじさん」「フリーライダー」などがSNSなどでトレンドに上がっています。

実は着物販売業界でも、こうした動きは以前からありましたし、今もその傾向は続いています。なにしろ江戸時代から存在する古い業界だけに、年齢の高い社員・従業員が今で

も大勢います。例えばＡＩ関連業界と比べれば、従業員の平均年齢は30歳以上高いかもしれません。そうしたおじさんばかりの顔ぶれを見ると、「だから着物業界には未来がないんだ」と言いたくなる気持ちもよく分かります。事実、一部の着物販売店では、古参の中高年社員を切り捨て、代わりに若い社員を登用して、社内の若返りをはかろうとするところも増えています。

しかし、私はそうした今の風潮に、真っ向から「ＮＯ！」を突きつけます。なぜなら、着物が全然売れない今の時代に、私の会社がかろうじて増収増益を毎年続けてこられているのは、中高年の古参社員の力によるところが大きいからです。

例えば、本社・貴迎館の常設展示場で毎月開催している当社自慢の展示会は、ほぼ１００％古参社員たちの能力と経験で成り立っています。展示会の顔である正面入り口の見附《みつけ》担当の古参社員Ｏは、一般企業なら定年退職している70歳。しかし私は彼を定年扱いせず、その代わり気が向いたときにいつ出社してもいい自由社員として扱っています。給料ももちろんきちんと払っています。彼はそんな現在の境遇を満喫しているようで、展示会のない日には会社にふらっと顔を出し、常連のお客様に挨拶したりしています。すると、常連のお客様がとても喜ばれます。古くから顔馴染みの○の顔を見ると、ふっと心が和むようです。お客様をそんな気持ちにさせるだけでも、○が出勤する意義は大きいと思います。

そんな○をはじめ営業社員を中心に、着付けの担当者、生け花担当者、料理担当者、日本舞踊の師範をもつ社員など、会社の催事を盛り上げてくれているのはすべて社歴20年以上の古参社員と、それを見て育った社員です。私たちの会社にとって、古参社員と、彼らの背中を追いかけながら成長を続け、次世代を担う社員たちこそ宝です。

また、古参社員はイベントのときにだけ活躍するわけではありません。詳しくは後述しますが、私たちの着物業界には、覚えるべき知識や身につけるべき経験が山ほどあります。とても5年、10年勤めたくらいでは覚えきれません。着物に関するお客様のさまざまな疑問や相談に答えられるまでには15年、20年とかかるでしょう。それでやっと一人前なのです。他業種に比べて、一定の経験値に達するまで5倍、6倍の時間がかかるということは、着物販売業界にとって、古参社員こそメインの戦力なのです。

ちなみに、私たちの会社の従業員は総じて社歴が長いです。従業員37人のうち社歴10年未満が13人で、社歴10年以上が24人。最長で社歴40年が2人います。

他社では絶対にまねできない、お客様への〝おもてなし〟

私たちの桂・貴迎館に全国から見学者がやってくる話は前章で書きました。しかし、見学者が今もあとを絶たないのは、郊外の大型着物販売店が珍しかったから、だけではありません。この貴迎館で私たちがお客様に提供するサービス、いわゆる〝おもてなし〟も、ちょっとほかでは見られないものだからです。そしてこのおもてなしにこそ、わが社古参社員の力量が遺憾なく発揮されていると自負しています。

一般的な着物販売店は特別セールの展示会を年4回実施していますが、私たちは自前で展示場を持っているので、毎月1回5日間は必ず展示会を開きます。その際、会場の設営や飾り付けはすべて私たちの従業員が行っています。

入り口付近は展示会全体を象徴する、最も大切な、いわば〝顔〟の部分。この見附のディスプレイについては、経験豊富な古参社員の○が長年、責任を持って担当しています。

創作生け花

彼は若い頃からデパートなどのディスプレイを研究し、また植物についても個人的興味を持って地道に勉強を続け、ほかの従業員では代替の利かないスキルを身につけています。

例えば、5月上旬の展示会なら、季節を少しだけ先取りして、さまざまな種類の紫陽花の鉢植えを並べます。それも、展示会開催日にちょうど見頃になるよう、7～14日前までには紫陽花を会場内に運び込み、会場の温度・湿度を調整することで、開花のタイミングを合わせています。

見附にはまた、季節の花に加えて、創作生け花も展示します。こちらについては、華道の心得のある従業員が後輩を指導しつつ、毎回楽しみながら取り組んでくれています。従業員のなかには、日本舞踊のある流派の師範もいて、年に何回かはパーティーの席で踊りを披露してくれています。

ちなみに展示会のある朝には必ず〝清め〟のお香を焚き、営業時間中は会場で接客に専念することが私の務めです。

また、私たちの展示会で、特に力を入れているのが食事です。

桂・貴迎館には、常設展示場とは別に「食事処」の空間が設けられています。この食事処には、実はモデルがあります。私が京都出張のときによく利用させてもらっている、宮川町にある小料理屋さんです。

京都・八坂神社の周辺には、祇園甲部・祇園東・先斗町《ぽんとちょう》・宮川町・上七軒の5つの花街があり、それぞれの街が古き良き伝統を守りながら、街を訪れるお客様に今日も独自のサービスを提供しています。私の行きつけの小料理屋はそのうちの宮川町にあり、店に一歩入るだけで、「ああ、京都に来たんだな」と感じさせる小粋なお店です。私は、着物の街・京都のあの雰囲気を、貴迎館の食事処にぜひ持ち込みたくて、貴迎館の建築設計士の先生を連れて宮川町のお店を訪れ、実際に店内を見てもらい、内装とレイアウトをできるだけ再現してくれるよう依頼したのです。そういうわけで、展示会にいらっしゃったお客様は、そこで「京都」を感じながら、軽く食事を取ることができるようにしています。

今、「軽く食事」と書きましたが、簡便な料理という意味ではありません。「おなかいっぱいになるほどの量ではない」という意味で、料理の質には徹底してこだわっています。

例えば、直近の展示会では、お客様に「鱧《はも》づくし」を振る舞いました。そのお品書きは次のとおりです。

貴迎館の食事処

〈鱧づくしのお品書き〉

- 鱧のカピタン漬け　鱧　九条ねぎ　鷹の爪
- うざく　鰻　胡瓜　茗荷
- 御飯　新生姜飯
- 御吸物　鱧　みつば
- 御漬物　かりもり

使用する食材にもこだわり、それを料理自慢の弊社従業員と、同じく管理栄養士の資格を持つ従業員とが共同で調理しています。また、年に1回ほど本職の料理人を招いて調理してもらい、それを調理担当の従業員がじっと観察して、プロの技を盗もうとがんばっています。

毎月の食材はほぼ例外なく、京都・錦市場で仕入れています。買い付け担当の従業員たちは、錦市場ではすっかり知られていて、市場を歩けば「あれ、桂さん！」と、あちこちで挨拶されるほど。来月のメニューを何にするかは、錦市場の人に来月旬になるものをうかがい、プロからアドバイスをもらいながら、従業員が考えています。

用意する食材は毎回３００食分。展示会には一日で50～60組のお客様がいらっしゃるので、最低これだけは用意しておかなければなりません。もちろん、ご来場者様にはすべて無料でご提供します。

これがお金を取る食堂であれば、用意していた人数分をすべて出してしまったとき、「すみません、売り切れです」と言えます。しかし、私たちはお金をいただかずにサービスでお出ししているので、「品切れです」とはいえません。ご来場になるお客様の多くが、展示会の食事を毎回楽しみにされているので、もしもお食事を提供できなければその期待を裏切ることになり、お食事ができたお客様との間で不公平が生じるからです。

もちろん、展示会に来ていただいたすべてのお客様が着物を購入されるわけではありません。実際にお買い上げいただく確率でいえば、平均して3割くらいでしょうか。それでも、「お買い上げいただいたお客様にしかお食事を出さない」というのはなんだか身も蓋もなくていやらしい話だし、今回お買い上げいただかなくても、次回はご購入されるかもしれません。

また、展示会場のレンタル費用を節約できている分だけ、お客様に還元したいという思いもあります。それより何より、ご来場になったお客様に展示会を楽しんでいただければ、着物屋としてこれ以上の喜びはありません。50万円、100万円、150万円という高額商品の展示会である以上、私たちもそれだけ、気合いを込めてイベントを開催しているのですから。

展示会最終日の夜、以前は社長の私のところへ「お裾分けです」といって余った食事が回ってくることがありました。私も結構楽しみにしていたのですが、最近全然回ってこないところを見ると、それだけ来場者数を正確に予測できるようになったのでしょう。そんなところにも、従業員の成長を感じ、心強く思います。

ともあれ、全国から見学に来て、たまたま展示会に来合わせた同業者の人たちは、口々にこう言います。「このおもてなしはウチには絶対にまねできません。もう、お手上げです」。本業ではないため本音は複雑ですが、これほどうれしい褒め言葉はありません。

着物問屋から学んだ〝おもてなし〟という文化

私たちの〝おもてなし〟の原点は、私が28歳でこの着物業界に飛び込んだとき、室町通の着物問屋さんたちが私にしてくれた〝おもてなし〟です。たかが28歳の若造に、「自分たちの商品を買ってくれるお客様」というただそれだけで、ここまで手厚い接待をしてくれるのか！と。それは、「いろいろなものをご馳走になって得をしたからいい気分だ」という感覚とは少し違っています。それまで自分が慣れ親しんでいたビジネス社会とは明らかに異なる世界がここにはあって、その世界を今自分が体験しているのであり、「このめちゃくちゃ太っ腹で余裕のある世界が日本の着物文化を支えているんだ」という感動でした。そうした感動をお客様にも味わってもらいたくて、40歳で独立して現在の会社を立ち上げてからは、「いつかは本格的にお客様をおもてなししたい」と考えてきました。現在の自社ビルを建てる前も、その当時の持てる設備で何度か〝おもてなし〟を試みたこともありますが、自信をもって〝おもてなし〟という言葉を使えるようになったのは、やはり自社ビルを建ててからのことだと思います。

もうひとつ言わせていただければ、40歳で会社を創業したとき、「着物を本来の売り方で販売しよう」と心に決めていました。

着物の本来の売り方とは何か。それは、お客様と販売員が人間同士1対1で向き合い、さまざまな交流を通して信頼関係を深めていき、着物や着物文化の素晴らしさを価値観として共有しつつ商品を売買すること。この売り方こそが、江戸時代から明治・大正・昭和の時代を通して守られ続けてきた、着物の伝統的な販売方法だと思うのです。

この世界に飛び込んだ当初の私は確かに、真夏に振袖を売ったり、深夜にバーやクラブの女性向け販売会を開いたりするなど、奇をてらった売り方をしてきました。しかしそれは、そうしなければ売れなかったからであり、デパートや老舗着物店にブランド力で太刀打ちできなかったからこその売り方でした。それまで着物にご縁のなかったお客様に興味や関心を持ってもらうために、着物業界の常識から外れた売り方も必要です。しかし、着物販売の正道、王道を進みたければ、たとえ長い時間がかかったとしても、お客様との人間関係を構築したうえで、お互い納得ずくで売買したい。現在の会社を創業してからの40年間は、ひたすら正道、王道を目指した40年でした。

もちろん、着物販売の業界には、正道・王道といえない販売方法で業績を伸ばしている店もかつては存在していました。例えば、着物を購入するお客様の大多数が中年以上の女性であることに着目して、イケメン販売員ばかりをそろえた販売店があったり。あるいは、無料の着物着付け教室で女性客を集め、講師の先生が紹介するかたちで生徒に初めての着物をある程度強制的に作らせたり……。

しかし、こうした正道でも王道でもない着物の販売方法は、やはり時代の波に激しく洗われ、翻弄され、やがていつの間にか波間に静かに消えていきます。やはり、江戸時代から連綿と受け継がれ続けてきた正道の販売方法こそが、次の時代にも尊ばれながら生き残っていくと思うのです。

私は、自社の従業員に対しても、「まずはお客様との良好な人間関係を構築しなさい」と指導し、教育しています。これこそが、着物販売における正道・王道を行くための第一歩だからです。この方針は創業以来40年間、ずっと変わっていません。

創業したばかりの頃は、私自身が従業員のお手本でした。従業員一人ひとりの一挙手一投足に細かく口を出すのではなく、まず、私の後ろ姿を見せることにしたのです。現在、創業当時から今も変わらず現役で働いてくれている社歴40年の従業員が2人いますが、その2人こそ、私の従業員教育の生きた成果です。70歳を過ぎた今もイキイキと働き、多くのお客様や後輩たちから慕われている2人を見ると、私の教育は間違っていなかったと、誇らしく晴れ晴れとした気持ちになります。そういえば、創業して5～6年経った頃から、今度はこの2人が若い従業員たちを指導・教育してきてくれたのでした。

老舗着物店の後継者を育成する「修業生制度」

一般社会にはほとんど知られていませんが、着物販売の業界では昔から「修業生制度」

という独自の新人教育システムがあります。これは、創業して当代で4代目、5代目……8代目、9代目という老舗呉服店の若旦那を教育する制度。当代の社長が息子に家業を継がせる前に、あえて同業の他店に「修業生」として武者修行（丁稚奉公でもある）に出し、他店の店主に厳しく指導・教育・監督してもらい、あらかじめ決められた修業期間を経て親元の店に帰すというものです。修業期間は通常5年、短くて3年。おそらく明治時代以降に始まったと思われますが、歴史ある老舗の販売店が多い着物販売業界ならではの「後継者育成システム」ともいえるでしょう。

私たちの店は、同業他社（他店）から「修業先」としてご指名を受けることが多く、この40年の間に北海道、青森、栃木などから14人の修業生を受け入れてきました。最初の修業生を受け入れたのは、創業4年目の1987年だったかと思います。なにしろ、よそ様の大切な若旦那をお預かりするのですから、私たちもかなり気を遣いました。

修業生が入ってきた場合、これは従業員として新人を採用する場合でも同じですが、最初の1年間は未経験者として扱い、「見習い」として着物に関する知識を徹底的にたたき込み、また下働きとしてさまざまな実作業を経験させます。

着物販売の業界では、とにかく知っておかなければならない知識が山ほどあります。着物の種類でいえば、フォーマルな黒留袖・色留袖・振袖、準礼装の訪問着・色無地・付け下げ、カジュアルな小紋、紬、御召があり、夏の着物としては絽や麻、浴衣があります。

生地としては絹・木綿・麻・化繊・ウールがあり、織りの着物、染めの着物ごとに種類、産地、特徴、品質の見極め方、価格が違います。帯は袋帯、名古屋帯、半幅帯、兵児《へこ》帯などがあり、小物類としては長襦袢、肌襦袢、帯揚げ、帯締め、帯留め、半衿、足袋、草履や下駄の履物、袋物と呼ばれるバッグ、さらにはかんざしなどの髪飾りなど、着物を着て外出するために必要なアイテムはとにかく多種多様。そのそれぞれに名前や特徴があります。

また、着物販売の世界で働くには、着物の着付けもできなければならず、着物や帯の畳み方から保存の仕方、汚れの落とし方なども知っておかなければなりません。紋付きや留袖には着る人の紋（家紋）が入るため、家紋（2万種以上あるといわれています）についても、ある程度の知識が必要です。さらに、着物の色はしばしば日本の伝統色で表現されるため、蘇芳《すおう》色・江戸紫・茄子紺・御納戸色・利休鼠《りきゅうねずみ》など、色の名前と実際の色味も知っておいたほうがいいでしょう。

着物のプロになろうと思えば、頭にたたき込んでおくべき知識はそれこそ無限にあります。そのすべてを習得せよ、とはいいませんが、やはり最低限知っておかなければならないレベルがあり、それらを身につけるまで2年程度はかかるでしょう。

事実、修業生や未経験者を迎え入れる場合、最初の2年間はお客様の担当には付けず、着物に関する教本や資料を読み、教育担当に付いてくれる先輩のレクチャーを受けながら、基礎知識を徹底して学んでもらいます。

着物の製造・販売工程における、それぞれの現場を知っておくこともとても大切です。例えば、絹糸は繭からどのように作られているのか、西陣織はどんな工房でどんな人がどのように織っているのか、京友禅はどんな工房でどんなふうに染められていて、手描き友禅と型友禅では何がどう違うのかなど、実際に現場に足を運び、自分の目で見て確認することが重要。製造工程を体験的に学んでいれば、それぞれの着物がどれだけの時間と労力をかけて作られているか、お客様にリアルに伝えることができます。

また、商品の仕入れ先である着物問屋についても学ばなければなりません。先輩従業員が商品の仕入れのために京都出張するとき、修業生も同行させてもらって問屋さんたちを紹介してもらい、実際の仕入れの様子を見学します。問屋さんは着物情報の宝庫なので、問屋さんと仲良くしておけば、いろいろと教えてくれるはずです。

私たち販売店の仕事の流れについても、当然マスターしてもらわなければなりません。これはもう、店にいる時間のすべてが勉強です。先輩の従業員は、常連のお客様にどんな電話のかけ方をしているのか。展示会等の案内状には何を書いているのか。お客様の来店時の出迎えや見送りはどうやっているのか。お客様とはどんな会話を交わしているのか。そのときの様子、目配り気配りはどうか。お客様にはどのように商品を提案するのか。商品を見せるときにはどうしているか……。修業生には、先輩従業員の立ち居振る舞いのすべて、例えばお客様が脱いだ履物のそろえ方からお見送りする際の頭を下げる角度まで、しっかり観察してもらいます。

私たちから外部の業者に仕事をお願いすることもあります。

今日、お客様に商品をご提案するとき、「仮絵羽《かりえば》」という簡単な仮縫いの状態で着物を見せることが普通になってきています。特に留袖、色留袖、振袖、訪問着などは、お客様が羽織れる状態にまで生地を仮縫いして陳列・保管しておくケースが増えてきました。

今から60年くらい前までは、お客様にも着物に関する十分な知識がありましたし、何より今よりも圧倒的に着物に着慣れていたので、反物の状態のまま自分の肩に当ててみるだけで仕上がりをイメージできていたのですが、近年のお客様は反物の状態で着物を見せられても全然ピンと来ません。そこで、問屋さんから仕入れた生地を小売店側で仮絵羽に仮縫いする必要が出てきました。幸い、私たちの会社にも和裁専門の従業員がいるので、彼女らにお願いすることもあれば、外部の仕立て屋さんに外注することもあります。仮絵羽の状態でお客様にご覧いただき、気に入ったのでお買い上げいただいた場合は、仮絵羽を一旦ほどき、改めて仕立て屋さんに出さなければなりません。その場合、使っている生地によっては、厚めについている糊を仕立て前に落とすための「湯通し」という工程が必要になるため、一旦湯通し業者に生地を持ち込むこともあります。このように、着物が商品としてお客様のお手元に届くまでには、川下の小売店においてもさまざまな作業や工程が必要になります。それらの工程について知り、理解し、外注業者に何をどう発注するのかもまた、修業生の修業の一部です（今ではほとんどの訪問着では最初から仮縫いがしてあります)。

修業生が経験する5年間の修業のうち、最初の2年間はおおむね以上のようなことを学び、体験していきます。

着物販売の正道・王道を目指して

私たち着物販売のプロが修業に来た修業生に教えるのは、私たちの会社が全社を挙げて取り組んでいる、着物販売の正道・王道となる売り方です。お客様と従業員が互いに親しくなり、心を通い合わせ、家族のことや着物のことなどなんでも相談できるだけの信頼関係を築き、着物に関する価値観を共有して、「これは素晴らしい着物です」「確かに素晴らしいわね」と、お互いに納得して商品をお買い上げいただく。どこにも嘘やまやかしのない、正道で王道の着物販売です。

しかし、こうした理想の売り方を実現するまでには、それなりの長い時間を要します。着物に関するさまざまな知識やノウハウを習得していることが大前提で、そのうえで、まずはお客様との心の距離を縮めること。そのために、私が従業員に対して「これが大切だよ」と教えているのが「全方位の気づき」です。

私たちは、お客様とお会いしたとき、お客様の顔色や表情はもちろん、目の輝き、髪型、その日のファッション、その日の履物、持ち物、声の張りと艶、お連れの方の様子やファッションなど、お客様を取り巻く360度のすべてに目配り気配りしなければなりません。重要なのは、前回お会いしたときとどこが同じで、どこが違っているかを瞬時に見て取らなければなりません。

もちろん、こうした「全方位の気づき」は、言われてすぐにできるようになることではありません。しかし「お客様のあらゆる面に目を行きわたらせよう」と強く意識していなければ、こうした気づきには絶対に到達できないでしょう。逆に、そう常に意識し続けることで、気がつく範囲が少しずつ広がっていき、いつかはそれほど意識しなくても、それとなく全方位に気を配ることができるようになるのだと思います。

私は28歳で着物販売の世界に飛び込んで、今年2024年でキャリア52年。さすがに今ではごく普通に全方位の気配りができますが、それでも、お客様に接する際に自分に言い聞かせていることが今でもあります。

それは、いつでも平常心でいること、です。

私もごく普通の人間ですから、喜怒哀楽の感情はあるし、日常のささいな出来事によって心をかき乱されることが少なからずあります。しかし、妙に心が高ぶっていたり、逆に心が落ち込んだり沈み込んでいたりすると、お客様の微妙な変化に気づけません。あとになって、「あのとき、どうして気づかなかったんだろう」と後悔することがたまにありますが、そういうときは自分の心が不安定になっていて、冷静沈着にお客様を観察できていなかったのです。

だから、これからお客様と会うというときは、直前に何があっても、ゆっくりと深呼吸して、心をフラットな状態に近づけます。たとえ完全にフラットに近づけなくても、自分自身を斜め後ろ上から見下ろす感覚で、自分とお客様を客観的に見る努力をします。するといつの間にか、いつもの平常心でお客様に相対しているものです。

着物の本当の価値を伝えるプレゼン能力

「全方位の気づき」に加えて、「プレゼン能力」もまた、私たち着物販売のプロに求められる能力であり技量です。

今から20～30年前であれば、着物販売店にご来店になるお客様の目的ははっきりしていました。例えば、「親族の結婚式に合わせて留袖を新調したい」とか、「娘が高校を卒業したので振袖を買ってやりたい」とか。「購入したい着物」が明確だったのです。

ところが、その後日本人の生活の西欧化が急速に進み、さらに人々の嗜好が急激に多様化するなかで、着物は人々の「今欲しいものランキング」からすっかり脱落してしまいました。また、着物への関心が薄れた結果、着物に関するごく初歩的な知識も失ってしまいました。訪問着と付下の違いもはっきり認識できていない人に、「訪問着が欲しい」とか「付下が欲しい」という欲求が生まれるはずもありません。

では、私たち日本人の着物離れが進んだ今、どうすれば着物が売れるのか。ここでポイントになるのが「プレゼン能力」です。たとえお客様側に「着物が欲しい」というニーズがなかったとしても、接客する側に高度なプレゼン能力があれば、「そういう着物なら、持っていても損はないかもしれない」→「そういう着物なら、買ってもいいかもしれない」→「そういう着物なら、ぜひ着てみたい」というふうに、お客様のニーズを喚起できるのです。

ここで重要なのは、お客様に絶対に押し売りしてはいけないということ。「買ってほしい」というアピールではなく、「この着物はこんなにも素晴らしい」というアピールをすることです。そのうえで、「この着物の素晴らしさはよく分かったけど、あいにくクルマを買い替えたばかりで、今、余裕がなくて……」ということであれば、そのときは潔く諦めます。

商品の素晴らしさを伝えるプレゼンにはほぼ成功しているので、次につながります。次回お薦めしたときには、ご購入いただけるかもしれません。商品の素晴らしさを伝えるために、着物が実際に作られている現場をお客様に見せることもあります。私が第一線でお客様に商品を販売していたときは、問屋さんを通して京都西陣織の工房に了解を取り、お客様数人をお連れして西陣織見学ツアーを企画したこともあります。

例えば、「爪掻本綴織《つめかきほんつづれおり》」という技法は、西陣織のさまざまな技法のなかでも最高峰に位置するもの。この技法の織師は、両手の人差し指と中指の爪をノコギリの歯のようにギザギザに尖らせていて、この爪で糸を一本一本掻き寄せながら微妙な力加減で生地を織っていきます。きわめて繊細な作業のため、複雑な模様を織る場合には、丸一日かけて1㎝しか織り上がらないこともあります。こうした伝統の職人技をお客様にお見せすると、お客様は一様に驚かれ、爪掻本綴織の帯がなぜこれほどの繊細美にあふれているのか、なぜこれほど高価なのかにご納得いただけます。実際、爪掻本綴織の帯は、ここに書くのがためらわれるほど高額です。昔からある袱紗《ふくさ》サイズでも、1枚150万~300万円します。

このように、実際に着物が織られ、染められている現場をお客様に見ていただくことは、着物の正当な価値を知ってもらううえで、最も大切なことかもしれません。今日、一口に「着物」といっても、きわめて安価な機械プリント地の浴衣もあれば、逸品として取り扱われている100万円以上の着物や帯もあり、人間国宝の織師や染師が何カ月もかけて織り上げた1000万円級の着物もあります。高価な着物には高価であるだけの理由があるのです。その理由をともに理解し、その素晴らしさをお客様と共有できることが、本当の意味でのプレゼン能力だと考えます。

［第5章］

【事業承継編】守り抜くべき伝統と変えるべき伝統

～着物販売業を次代にいかに継いでいくか～

着物販売業界の修業生制度は今後どうなるのか

日本の経済界では今、事業承継の問題が大きくクローズアップされています。そこには明らかに少子高齢化の影響が見られ、後継者不足に悩む中小企業の多くがM&Aなどに活路を見いだそうとしていますが、なかなかうまくいっていないように見受けられます。わが国の生産年齢人口が急速に減少していくなかで、今ある事業をどのように守り、継続していくのか。中小企業経営者には重たい課題が突きつけられています。

私たち着物販売業界も例外ではありません。

「老舗着物店の当代店主が、後継者である自分の息子や娘を期間限定で同業他店に働きに出し、着物販売のあれこれについて一から鍛え直してもらう」という修業生制度は、この業界全体で数十年以上前から行われてきました。半世紀以上前、門外漢としてこの世界に飛び込んだ私は、そんな制度があること自体知りませんでしたが、後継者育成という意味では有効な制度だと思いました。

その制度が今、揺らいでいます。

私たちの店では、これまでに14人の修業生を受け入れ、全員無事に送り帰してきました。期間は通常5年間。着物販売の世界では、5年くらいでは一人前にはなれませんが、下地くらいはつくってあげられたと思っています。折に触れて近況を伝えてくれる卒業生（卒業した修業生）もいて、着物販売の難しさに改めて直面しながらも、皆それぞれの地方でがんばっているようです。

そんな修業生が近年、業界から姿を消してしまいました。私たちが最後の修業生を故郷に送り帰したのが2020年の3月です。それ以来、「修業生を受け入れてほしい」という要請はどこからも届いていません。少し気になって、情報通で知られる何人かの問屋さんに定期的に聞いてみているのですが、「修業生の受け入れをお願いした」とか「修業生を受け入れた」という話は、ここ2～3年まったく耳にしていないそうです。修業生の受け入れは問屋さん経由で別の販売店に依頼されることがほとんどなので、問屋さんにその話が伝わっていないということは、修業生の送り出しと受け入れがここ2～3年まったく行われていないことを示唆します。送り出し側に、後継者を5年間かけて育成してもらう余裕がなくなったのか、そもそも後継者育成そのものを諦めてしまったのか……。

またこんなケースもあります。

昔から親しくしている同業の知人がいます。仮にKさんとしておきますが、Kさんは5年前、一人息子をある着物販売の全国チェーンに「修業生」として送り出したそうです。本来なら、今年卒業して地元に帰ってくるはずだったのですが、この5年の間にKさんの店の経営が急激に悪化したため、息子さんには「戻ってこなくていい」といい、送り先の販売会社には「息子の雇用をこのまま継続してほしい」と依頼したといいます。息子が戻ってきても、今のお店に将来性があるとは思えないため、「全国チェーンの販売店に勤務しているほうが息子の生活は安定する」という、苦渋の決断をしたそうです。

これまで、修業生制度を規定する明確なルールはありませんでした。いわば、業界内で数十年間にわたって続けられてきた不文律に従い、一部の販売店の厚意と自由裁量によって成り立っていた制度といえます。しかし、それが今、現実に機能しなくなっているのだとすれば、着物販売業の後継者育成のための仕組みを、業界全体で考えるべき時期に来ています。

後継者にあえてファッションデザインを学ばせる

私が現在の会社を創業したのは1984年、40歳のときです。友人とつくった着物販売会社から私だけ独立（離反）したかたちになったため、長年のお得意様を大切にする着物業界のしきたりに従い、商品の唯一の仕入れ先である京都の問屋街からは総スカンを食らいました。私自身とはすでに10年以上の付き合いがあったにもかかわらず、独立した途端、前の会社に気兼ねして、私の新会社とは取引しようとしなかったのです。100軒以上ある室町通界隈の着物問屋のうち、私との取引に応じてくれたのはわずかに2、3軒だけでした。

そんな猛烈な逆風の中を船出したので、当初は後継者のことなど一瞬たりとも考える余裕はありませんでした。なにしろ、1年後にまだ会社が存在しているかどうかも分からないのです。とにかく、前の会社からついてきてくれた従業員15人の生活を守らなければなりません。結果的に、心身ともに変調をきたしてしまいましたが、それでも〝捨てる神あれば拾う神あり〟で、窮地に追い込まれるたびに救世主となる人や会社が現れ、どうにかこうにか事業を存続させることができました。

〝後継者〟について最初に意識したのは、創業して8年後の1992年頃だったと思います。私には長男と長女の二人の子どもがいますが、この年、長男は18歳になり、高校卒業後の進路について決めかねていました。それで、親子で幾度となく話し合うことになったのです。

私自身は父親に半ば強制されて東京の私立大学に進学しましたが、私には息子を私の意思でどうこうしたいというこだわりはありません。ただ漠然と、「将来は私の会社で働いてくれるんだろうな……」と期待はしていました。はっきりとそう明言したわけではありませんが。それで、もし自分でどうしても進学したい大学がなければ、「ファッションデザインを学ぶ専門学校という選択肢もあるぞ」と息子に勧めました。息子は「まさか!」と驚いた顔をしていました。そのとき私が息子に語ったのは、次のような話です。

私は息子の君を自分の後継者と考えているが、着物販売のプロになるにはさまざまな専門知識と多くの体験の蓄積が必要。この部分において、君は現在の幹部社員たちに到底追いつけないし、知識量では太刀打ちできない。しかし、そんなことでは将来、彼ら幹部社員をコントロールしていくことは難しい。君の時代は今とはかなり変化しているはず。そこで君には、着物以外のファッションの専門知識を身につけてもらいたい。

これからの時代、冠婚葬祭などの儀式のために着物を買う人は急激に減っていくだろう。それに代わって台頭するのは、外国人を含め、着物を新たなファッションとして着こなそうという人たちだ。そういう人たちは、着物のルールや流儀に縛られることなく、西欧風のファッションセンスをどんどん着物に取り入れていくだろう。そんな人たちにお客様になってもらうには、彼らに相通ずるファッションセンスが必要になる。だから君には、今のうちから洋服のファッションデザインを学んでおいてほしい。ファッションデザインの専門知識があれば、着物販売に精通している古参社員たちも君に一目おくようになるし、君の意見や提案にも耳を傾けてくれるだろう。

私はきわめてオーソドックスな一般企業から、この着物販売の世界に飛び込んだ。違う世界からやってきたエイリアンだったからこそ、着物販売に慣れ親しんでいる人たちには思いもつかない提案をすることができ、それがしばしば、新たな仕事への突破口になった。だから君も、この世界の住人が誰一人持っていない「ファッションデザイン」という新たな視点から、この着物販売の世界に挑戦するのがいいのではないか。

こうやって文章化してみると、少々キザったらしくてお恥ずかしいのですが、しかし、この考え方は当時から今まで少しも変わっていません。

以上のような考えを、息子の興味を引くように笑える話で尾鰭《おひれ》をつけてみたり、当時流行していたファッション用語を織り交ぜたりして語ると、息子は納得してくれました。彼はもともと、いわゆる洋服のファッションが好きだったので、「好きなことを勉強して、好きな道でプロになれるなら」と、私の提案を受け入れてくれました。

こうして私の息子は、大阪モード学園では最も厳しい4年制の、ファッションデザイン学科・高度専門士コースに通うことになります。

これは彼に聞いた話ですが、専門学校の4年間は、大学の4年間とは比べものにならないくらい忙しいんだとか。宿題や課題が次々に出され、実技の練習も必要だし、デザイン画、パターンメーキング、ソーイングなどの実技や進級のための制作展もあり、寝る間も惜しんで取り組まなければいけないそうです。

おかげ様で、息子は無事に卒業して高度専門士の称号を取得しています。卒業後はファッションデザイナー兼パタンナーとしてあるアパレルメーカーに就職。デザインもでき、パターンも引けるので、そこそこ作品を会社に買い取ってもらえるデザイナーになりました。

60歳からは毎日着物姿で通そうと決める

息子が洋服のデザイナーになってしまったので、会社の後継者問題は一旦棚上げされます。ちょうどその頃は、現在本社がある高松市松縄町に自社ビルを建てるべく奔走していた時代。考えなければならない問題、クリアしなければならない課題が山積していて、後継者について思いを巡らす時間もありませんでした。

次に後継者問題を意識したのは、トータルフォトスタジオ「アリエル」を桂・貴迎館に隣接するかたちで竣工した2004年です。今でこそ、フォトスタジオを併設した着物サロンや、七五三用など子ども貸衣装をそろえたフォトスタジオは広く一般に知られるようになりましたが、当時、フォトスタジオ併設の着物販売店は四国でも私たちだけでした。しかも、お子さんのお宮参りから七五三、十三参り、娘さんの振袖姿成人式前撮りや卒業袴前撮りなどのサービスをいち早く取り入れたのも私たちが最初でした。

このフォトスタジオアリエルの店長を任せるために、私は長女（息子の妹）をその前年に入社させ、開店準備に当たらせました。わが妹が入社すれば当然、次に兄貴か、という意識になります。

そして２００４年は私が60歳の還暦を迎える年でもありました。創業以来、私はプレイングマネージャーとして常に業務の最前線を走り続けてきましたが、さすがに還暦ともなれば、任せられる仕事は仕事のできる従業員に任せて、ある程度社長業に専念しようと考えました。それまでは、肉体労働をしなければならないときも結構あったので、着物を着るにしても作業着の作務衣くらいしか着られませんでしたが、還暦を過ぎて社長業にいそしむからには、毎日着物姿で通そうと決めました。自分自身を着物屋の広告塔に使おうと考えたわけです。

私の着物姿は完全に地元では浸透しましたが、このライフスタイルは２００４年から始まったのです。そして、いよいよ還暦を過ぎ、仕事を少しずつ従業員に振るようになると、次の経営者にいつバトンを渡すべきか、私自身も折に触れて考えるようになりました。

その当時読んだ本に、「社長業をいつ辞めるべきか」を解説したものがありました。うろ覚えですが、次のとおりです。

- 毎朝、会社に出勤するのが億劫になったとき
- 仕事に対する熱量が明らかに落ちたと感じたとき
- 仕事に関する新しいプランを何も思いつかなくなったとき
- 出社しても、早く家に帰りたいと毎日思うとき

実際には、それらにどれひとつ当てはまりませんでしたが、かといって死ぬまで社長業を続けるわけにもいきません。

そもそも、私は自ら会社を創業した初代社長ですが、世の中の着物販売店の多くは、何世代にもわたって店を存続させてきた老舗であり、当代社長が４代目とか5代目とかだっ

たりするので、社長交代もこれまでの前例にならえば問題ありません。例えば、60歳の誕生日をもって引退し、長男に社長の座を譲るなどです。しかし、私の場合には前例がないので、交代するのに絶好のタイミングを自分自身で探らなければなりませんでした。

自分の辞めどきの探り方

自分の辞めどきはいつなのか。毎朝出勤するのが嫌だとか、早く家に帰りたいとか、以前読んだ本はまったく参考になりませんでした。そこで逆に、「自分が辞めずにいると周囲にどんな迷惑がかかるか」という観点から考えてみました。

一つは、年寄りの自分がいつまでも会社のトップにいると、会社全体の空気がいつまで経ってもフレッシュでイキイキとしてこないんじゃないか、ということ。

もう一つは、会社の長期計画が立てられないのではないかということ。会社経営では一般的に、1年後の短期計画、3~5年後の中期計画、10年後の長期計画が必要といわれています。しかし、トップが高齢の場合、10年後の未来まで計画していいものか、どうか。10年計画で何か新しいプロジェクトを始めたとしても、トップが高齢だと、そのプロジェクトの完結まで見届けられないかもしれません。最終的な結果を引き受けることができないのに、新たな計画を始めていいのかどうか、という疑問です。

少し話がそれますが、保護犬を里親として引き受ける場合、保護犬が子犬だと、60歳以上の人は里親になれないところもあるとか。子犬が成犬になって亡くなるまでの十数年間、高齢者は里親として最後まで面倒を見続けられるかどうか分からないからです。プロジェクトも同様で、自分が始めた愛着あるプロジェクトを途中で放り出すことになってもいいのかどうか……。そう考えると、会社が何か新しいプロジェクトを立ち上げる前に、老兵は静かに消えたほうがいいようにも思えます。

後継者のブレインになってくれる人の人選が重要

結局、息子を後継者として2代目社長に据えようと決断したのは2014年、私が70歳になる年でした。当時、息子は40歳。ちょうど私が友人とつくった会社から独立し、今の会社を創業したときの年齢になります。

息子はアパレルメーカーでファッションデザイナーとして活躍していたので、当初は私の会社に入社するのを渋りました。しかし、いつかは後を継がなければ、ともひそかに考えていたようで、最後は笑顔で桂への入社に同意しました。

ここから、息子を次期社長に据えるための社内教育が始まります。一般企業で20年近く働いていたので、ビジネスマナーほか社会人として必要な素養はすべて備えていた息子ですが、何度も言うように、着物販売は特殊な世界。この不思議の国のルールや掟《おきて》を新たに学び、習得してもらわなければいけません。

私は、友人とつくった会社時代からずっと私の右腕だった古参社員で常務取締役のOを、息子の教育担当に指名しました。Oは私の良き相談相手であり、冷静沈着なブレインであり、展示会で見附などを担当する会社の「顔」でもあります。息子は常務直属の平社員として、O常務の指導を受けながら日常業務をこなすことになりました。

この人選は大正解でした。Oと息子は息子がまだ幼い頃からの顔見知りであり、息子は私には直接聞きづらかったりすることも、Oには率直に聞くことができ、大きなストレスもなく会社に溶け込めたようです。また、お互いに人間として信頼し合える関係が築けたため、「社長の息子」と見られたとしても、社内で居心地の悪さを感じることはなかったようです。

当初は私と同じく門外漢だった息子も、O常務のもとで「着物販売とはどんな商売か」をしっかりたたき込まれ、5年後の2019年には着物販売のプロとしてほぼ一人前になっていました。このとき、O常務は70歳で息子は45歳。Oは以前から、「肉体的にそろそろキツくなってきた」とも訴えていたので、このタイミングで会社顧問として常務取締役を勇退し顧問に。代わって息子が専務取締役に就任しました。いわば、それまでOが社内で務めていた役割の多くを息子が引き継いだかたちです。ただし、展示会におけるOの手腕には誰も太刀打ちできないので、イベント関連は引き続きOの担当。また、いつ出社するかは本人の自由意思に任せることにしました。週に1~2回はひょっこり会社に顔を出し、「あら、Oさんじゃないの!」と、たまたま来店していた常連さんを喜ばせたりしています。

常務を勇退したとき、Oは本当はやや不安そうでした。「日常業務から解放されて体がラクになるのはうれしいけど、顧問っていったい何をすればいいんですかね」と。実はその件でかつては私も頭を悩ませたことがあります。着物関連のいくつかの団体で「顧問」

を拝命していたからです。その経験から、○には次のようにアドバイスしました。「自分から自分の意見をあれこれ言う必要はない。ただ、何か聞かれたり相談されたりしたときに、自分が正しいと思うことをアドバイスしてあげればいいんだよ」と。それで肩の荷が下りたのか、その後はよく息子の相談に乗ってやっているようです。何か分からないことが起きたとき、息子は父である私ではなく、やはりかつての上司だった○に聞くのがしっくりくるみたいです。○は、息子から「父には黙っていてください」と言われたことは一切私に報告しないので、「いつも息子の味方になってくれていてありがとう！」と、心の中で手を合わせています。

自分の子どもを後継者に据えるとき、「誰が子どものブレインになってくれるのか」を見極めることが特に重要であり、真っ先に考えるべき問題だと思います。

ちなみに、業界に入って45年が経った○が常務を退いて顧問になったとき、それまで○がお世話になってきた多くのお客様への報告と感謝の意を伝える意味を込めて、「この道一筋45年、ついに○卒業」と題した記念展示会を開催しました。そのお客様への案内状に、私はこんな文章を書いています。

○常務への贈る言葉を書いてほしいと依頼されても困ってしまう。彼がこの業界から去っていくわけではないからだ。長い間会社と京都、そしてお客様との間を駆け回ってきた彼が、大好きな着物の業界から離れることはなく、これまでとは違った環境でまた活躍してもらいたいと願っている。あえて今○常務に贈るとすれば、「長い間ありがとう」という感謝状である。三十数年前の昭和の時代に、まだご当地高松の歴史ある老舗の呉服店がひしめいているなか、私ども若者がその中に入りこむ苦労は並大抵のものではなかった。ただひたすら前進し、時間を忘れ、深夜になるまで働いた。その上に古いしきたりの京都においては、仕入れ先である問屋さんの門を開けてもらうことすら難しいという時代でもあった。何カ月もの間、二人で一軒一軒問屋さんの門をたたき、断られる悔しさをバネにしてますます奮い立ったことを私たち二人は知っている。若い私たちには目標があった。「いつか地域一番店になろう、地域でいちばん信頼される店になろう」という、その当時としてはとんでもない夢だった。その大きな夢を掲げ、厳しい環境に文句ひとつ言わず、ともに挑戦し続けてきた唯一の仲間が○常務である。だから、彼にはこんな言葉を贈りたい。「今日までよくがんばってくれました。お疲れ様。これからは、これまでより少しだけ後ろの立ち位置から、私たちを支えてほしい。そして、〇を今日まで支えていただいた大切なお客様、今までありがとうございました」これからも、どうかよろしくお願いいたします。

大規模イベントこそ、後継者お披露目の場

２０１９年に息子が専務取締役に就任してから、私のなかではいよいよ世代交代のカウントダウンが始まりました。これ以降、従業員に対する重要な指示や命令は、できるだけ専務の口から言わせるようにしました。仕入れにしろ販売にしろ、展示会の開催にしろ、お客様をお連れしての各種イベントにしろ、業務の主導権を少しずつ専務に委譲していったのです。専務自身も、自分がこれまでアパレル業界で培ってきた知識やノウハウを着物の販売にも少しずつ応用するようになり、自分なりに仕事のやりがいと手応えを感じているようでした。

私や〇常務の時代とは明らかに違うと実感したのは、専務が従業員を少しずつ集めて、

何を話しているのか、こまめにミーティングを開いていること。私としては、ミーティングの場にはできるだけ近づかないようにしました。自分で言うのもおかしいですが、私はきわめてアクが強く個性も強烈な人間なので、私がミーティングに顔を出すとその場の空気が一変してしまい、いつの間にか私が話題の中心になってしまうことが多いからです。

逆に私のほうから積極的に動いたのは、仕入れ先である問屋さんや時々見学させてもらう着物の工房、メインバンクになっている信金など、外部の取引先や協力先を専務同伴で訪問すること。いわゆる顔合わせ、顔つなぎです。1回目、2回目の訪問では、先方は主に私としか会話しませんが、3回、4回と回を重ねていくと、次第に専務にも親しげに話しかけてくれるようになります。そうなれば、私はもうお役御免で、その後の渉外業務も専務に任せることになります。

常連のお客様への挨拶もとても大切です。常務付き平社員の頃から、一部のお客様を任されてきましたが、今後は会社の代表として、すべてのお客様に顔と名前を売らなければなりません。専務になりたての頃は、展示会で私がお客様にご挨拶をする際、同じ紋付羽織袴姿で私の真横に立ち、息子であり後継者であることをそれとなくアピール。その後、年を経るごとに展示会などでの発言の場を増やしていき、最近では展示会開催のご挨拶か、開催締めのご挨拶のどちらかを必ず担当するようになりました。

そして2024年3月3日、私たちにとって最も記念すべき日がやってきました。わが桂の創立40周年を祝う、祝賀パーティーの日です。私は若い頃から芸能界とご縁があり、当日司会をしてくれたのは、かつて青春ドラマで人気を博した女優の吉沢京子さん。特別ゲストは、アーティストであり、私が会長を務める一般社団法人日本きもの連盟任命のきもの大使でもある平原綾香さん。会場には、私たちが過去40年の間にさまざまなかたちでお世話になった問屋さんや銀行などの関係者多数をお招きしました。香川県選出の衆議院議員、参議院議員、高松市長、香川県議会議員、高松市議会議員など政界からも多くの政治家が応援に駆けつけてくれました。

この日は会社の創立40周年を祝うだけでなく、もう一つ大きな目的がありました。それは、専務取締役の息子を次期社長として内外に広くお披露目すること。壇上に私と専務取締役、顧問のOとSが紋付羽織袴姿で並んで座り、歌舞伎役者の澤村國矢さんの襲名披露の口上に似せて、２０２４年9月1日をもって、社長である私が会長職となり、専務取締役の息子が社長に就任する旨を公表したのです。もう、あとには引けません。

キャラの濃い初代社長の後を継ぐのは容易なことではなく、二代目はそれなりにプレッシャーを感じていると思います。しかし彼は、私たちが持ち合わせなかったファッションデザインという視点を持っています。ほかの着物販売店にはないセンスと感性を武器に、自分ならではの新しい世界を切り拓いていってくれると期待しています。

［第6章］

和装文化は永遠に
～斜陽産業でも生き残る道は必ずある～

着物文化は永久に不滅である

着物販売業は、今日では斜陽産業の筆頭に数えられています。それも当然でしょう。かつて2兆円あった着物販売市場がおよそ50年間で10分の1の2000億円にまで縮小してしまったのですから。私たち日本人のライフスタイルはこの半世紀で急激に西欧化しており、もはやこの流れを逆行させることは不可能。着物市場がこのまま縮小を続けると、やがては消えてなくなってしまう、と危惧する声も聞こえてきそうです。

しかし着物販売業も、着物を着るという日本ならではの文化も、今後絶対になくなることはないと私は確信しています。なぜなら、私たちの暮らしがいくら西欧風になっても、衣食住の根幹の部分は変わらないからです。

例えば「食」について。私たちの食生活もこの50年で大きく変化していて、食のグローバル化が急速に進んでいます。今では日本に居ながらにして、世界の名物料理を食べることも可能。ところが、私たち日本人としてはやはり、白米の炊きたてご飯が食べたくなります。なにしろフランス料理の店でも、パンの代わりにライスを頼む人もいるくらいですから。

「住」についても、同じことがいえます。高度経済成長期以降、日本でも断熱性に優れたマンションなどの高気密住宅が主流になり、3LDKや4SLDKなど、間取りもすっかり西欧風になりました。ところが、西欧人のようにベッドルームにまで土足で入る造りの住宅はほとんど見かけません。どんなにおしゃれなタワーマンションでも、私たち日本人はやはり玄関で靴を脱いで上がるのです。暮らしがどんなに西欧化しても、日本人は家では靴を脱いでくつろぎたいのです。

そして「衣」。日本人のファッションはここ50年で完全に西欧化しました。今や日常的に着物を着ているのは、お坊さん、神主さん、巫女さん、舞妓さん、芸妓さん、歌舞伎役者、能楽師、落語家など「着物を着る職業」の人ばかり。かつての日本人は、昭和の初期くらいまで普段着として着物を着ていましたが、この現代において、着物を普段着にしている人など、もはや見かけることはありません。

しかし、私たち日本人の一生をイメージしてみてください。私たち日本人が生まれてから最初に着るのは「産着」という着物です。そして、人生の最後には「経帷子《きょうかたびら》」という白い着物を着てお棺に入ります。日本人の一生は、ゆりかごから墓場まで、まさに着物とともにあるのです。

今後も日本人が白いご飯を愛し、自宅では靴を脱いでくつろぎたいと思う限り、「着物を着る」という文化もなくなることはない。私はそう確信しています。

また、日本の美を象徴するアイテムとして、着物を世界遺産に登録しようという国内プロジェクトも粛々と進められています。「斜陽産業」という負の視点で見るより、「美しくて新しいジャパンオリジナルのファッションアイテム」という正の視点でとらえたほうが、私たち日本人にとっても、着物の価値を正しく評価できるような気がします。

2024年6月下旬、ある会合でユネスコ世界芸術遺産コレクション学芸員のフランス人女性、リンダ・フレノアさんとお会いする機会がありました。そこで私は、「着物を世界遺産に登録してもらおうとがんばっている者の一人です」と自己紹介したうえで、「今、着物を正しく着られる日本人は全体の1～2割にまで減っている」という実情をお話ししました。そして、日本人の着物離れが進んでいる以上、わが国の文化庁も、着物を世界遺産に登録申請することにあまり積極的になれないようだ、と。すると、そのユネスコ学芸員の方は、着物という民族衣装の美しさを絶賛したうえで、力強くこう言ってくれたのです。「だったらなおのこと、着物を世界遺産に登録して、着物という文化を守っていかなければならないと思います」と。この言葉に私自身、勇気づけられました。そして、これからも着物を世界遺産に登録してもらうべく、各方面に力強く働きかけていこうと心に誓いました。

着物販売店こそ日本の着物文化を守る最後の砦

このように見てくると、「着物」という商品には、案外まんざらでもない成長性が秘められているといえます。

問題は、「着物」という商品単独では、サステナブルもリサイカブルも実現できないこと。なぜなら、日本人の多くは着物の適切な保管方法をすでに忘れてしまっているので、私たち着物販売業者が的確にアドバイスしなければ、着物を美しい状態で保存することができないからです。

私たち着物販売業者は、着物という商品だけを売っているつもりはありません。「着物を手入れして着こなす」という、日本の着物文化もセットにして販売しています。かつての日本人は着物についても詳しかったのですが、現代のお客様は着物の正しい畳み方さえ分かりません。だから私たちは、着物という物理的な商品（ハードウエア）に加えて、着こなし使いこなしのノウハウ（ソフトウエア）まで含めたパッケージとして販売しているのです。ここに、私たち着物販売業者の存在する意義があります。

日本人の多くが着物を着る習慣を喪失してしまっている以上、お客様に着物を売るとき、私たちは無償で着物文化についてレクチャーし、アドバイスします。そうしたソフトウエアまで合わせて販売しているつもりなので、お客様とは対面販売が基本であり、両者で着物文化を共有するための手間と時間が必要になります。

今、業績不振で店を畳もうかと思っている着物販売店の人がこの本を読んでいるなら、「どうかがんばって事業を継続してください」とお願いします。というのも、着物販売店が1店舗なくなれば、着物ファンのお客様の数も一気に減少するからです。

例えば、Aという街に着物販売店が3軒あったとしましょう。販売店は3軒とも、それぞれ100人ずつの顧客を抱えていました。あるとき、3軒あった販売店のうちの1軒が廃業したとしましょう。すると、それまで廃業した店に通っていたお客様はどうするか。

おそらくお客様の3分の1くらいはほかの2店舗に流れますが、残り3分の2のお客様は、自分の通っていた販売店が店を閉めた時点で着物をもう買わなくなります。店とお客様とはそれだけ強い信頼関係で結ばれていたためで、その店がなくなってしまうと、別の店と改めて信頼関係を結ぼうとは思えなくなるからです。

奇をてらわず、王道を行く

以上は着物販売の業界を念頭に置いた話ですが、少子高齢化=人口減少社会に突入したわが国では、新聞・出版・銀行・デパートなどさまざまな分野で斜陽産業が生まれています。そんな多くの斜陽産業に共通していえることは、「それでも生き残る道はある」ということです。その生き残る道とは、奇をてらわずビジネスの王道を歩むことにほかなりません。

ビジネスが壁にぶち当たり、どうにもその壁が壊せそうもないと感じたとき、多くの企業や経営者はからめ手を探り、壁を迂回しようとします。例えば、本業以外の副業をメインに持ってきたり、これまで手がけたことのなかった新規分野に参入したり。しかし、私のこれまでの体験からいって、そういった迂回路作戦は早晩、新たな壁にぶち当たります。それどころか、新規事業がまったくモノにならず、企業自体が空中分解してしまうケースも数多く見受けられます。そもそも、苦しまぎれに考えたアイデアがうまくいくはずはありません。世の中、そんなに甘いものでないことは、経営者の皆さんなら痛いほど分かっているはず。

ならば、どうするか。王道を行くしかありません。これまでやってきた事業を再点検して、残すべき部分と改変すべき部分を切り分け、あとは果断に実行するのみ。幸い、斜陽産業ならライバルは少ないはず。それでも、強力なライバルがいるのであれば、事業展開してきた地域を再点検して、残すべきエリアと撤退すべきエリアを切り分けるのです。最終的に、ある一つの地域で「一番店」になることができれば、地域とともに生き残っていくことができるでしょう。自分の仕事に、または先代から引き継いだ仕事に誇りをもち、自分しかできない仕事に惚れ直し、新しいものを組み入れていくことが大切です。

「からめ手は目指さず、王道を行く」

「全国は狙わず、地域一番店を目指す」

——この二つの行動指針さえブレなければ、努力は必ず実を結ぶはずです。

そして温故知新——伝統を守りながらも、新しい伝統をつくる。時が止まっている業界においても、時を超えて挑戦して継続する呉服屋を私たちはこれからも目指していきます。

おわりに

2010年4月15日午前（日本時間）、日本人なら誰もが思わず微笑んでしまう素敵な映像が、高度400㎞の宇宙から全世界のテレビモニターに届けられました。宇宙飛行士として国際宇宙ステーションへ行った野口聡一さんと山崎直子さんが、無重力空間でお寿司を握り、同僚のクルーたちに振る舞ったのです。

その際、山崎さんはピンク色の着物を着ていて、ほかのどのクルーよりも美しく凛《りん》として見えました。宇宙では普通NASAから支給された服を着用しますが、宇宙飛行士は2着だけ好きな服を持っていけるので、山崎さんはこの日のためにその着物をスペースシャトルに持ち込んでいたのだとか。

着物屋の私は、そのエピソードを聞いただけで胸が熱くなりました。宇宙に持ち出せる私服が限られるなかで、山崎さんがわざわざ着物を選んでくれたことが素直にうれしかったからです。

それにしても、山崎さんはなぜ、スペースシャトルにわざわざ着物を持ち込んだのでしょうか。その理由がどうしても知りたかったので、私は知人の知人を介して、山崎さんからなんとか回答を得たいと思いました。すると、なんとも幸運なことに、山崎さんと直接会ってお話しする機会が得られたのです。山崎さんが宇宙から帰還して3カ月ほど経ってからのことでした。

山崎さんとお会いしたとき、私は挨拶もそこそこに、早速気になっていた質問をぶつけてみました。

「山崎さんはなぜ宇宙空間に着物を持ち込み、国際宇宙ステーションから映像を世界に発信するとき、着物姿でカメラの前に立ったのでしょうか」

その回答は簡潔にして明瞭でした。日本人のアイデンティティの象徴である着物を山崎さん自身がまとい、映像に登場することで、日本人としての誇りを世界中、そして日本の人々に伝えたいと考えたそうです。

着物は日本人のアイデンティティを象徴するもの――なんと的確で美しいのでしょうか。私が日頃から多くの人々に向けて発信したかった内容を、山崎さんはごく短い言葉でズバリと表現してくれたのです。

私たち日本人のライフスタイルはこの半世紀で急速に西欧化していき、多くの日本人の間で着物離れが進んでいます。それにより、私たちの暮らしは確かに簡単・便利にはなりました。しかし、日々の生活が安易安直に流れていくなかで、多くの日本人が日本人らしい美学や品格を失ってしまったようにも見えます。私たちは、日本人として持っておくべき大切なものをどこかに置き忘れてきてしまったような気がしてなりません。

その大切なものとは何か。着物屋である私は当然、「それは着物という日本ならではの文化であり、日本人のアイデンティティである」と答えます。人が宇宙へ行き、国際宇宙ステーションに長期滞在できる時代になっても、着物はやはり日本人の魂の一部であり、失ってはいけない貴重な文化遺産であると思うからです。

また私はこれまでの人生で、人との出会いやご縁を大切にすることに心を砕いてきました。着物販売業を始めてからの52年間、いえ、幼少期や少年時代を含め、私の人生において、私のほうから関係を絶った人間は一人もおりません。この年齢になっても小中学校時代の友人たちとはいまだに交流がありますし、自分の会社を立ち上げてからは、社用車に給油するガソリンスタンドや印刷屋さんなど、昔からお付き合いをいただいている業者関係はほとんど変えていません。

さらにありがたいことに、ほんの少しだけ覗いた芸能界ともいまだにご縁があります。例えば、同い年ということで、歌舞伎界の片岡仁左衛門さんや、先輩格の澤村藤十郎さん、小林稔侍さん、長沢 純さん、そして女優の吉沢京子さん、仁支川峰子さんらとも旧知の間柄です。そんな多彩な人間関係があったおかげで、今の私があるともいえます。最近では歌手の平原綾香さんに、日本きもの連盟のきもの大使になってもらいました。企業経営者の方たちには言わずもがなではありますが、人とのご縁を大切にすることもまた、難しい時代を生き抜くために必要なことだと考えます。

本書は、高松という地方都市で着物販売店を起こした私が、〝斜陽〟と呼ばれるこの業界でいかに活路を見いだし勝負してきたのか、その半世紀以上にわたる戦いを戦略別にまとめたものです。

世の中の変化とともに今では私どもの業界も当時とはかなり環境も変わり、売り方や川上・川中・川下の関係にも変化が生じています。しかし着物を求めている人、これから興味を持たれる人は必ずいます。その人たちのためにも、いや、大げさに言えば美しい日本文化のためにもプロの道を歩み続ける大切さ、情熱を持ち続けたい。経営からは離れますが、日本きもの連盟の会長理事として同じ仲間に着物業界が一つになることの大切さを訴えながらこの道を進んでいる後人のための道を残そうと思っています。

私たちが取り扱っているのは、流行に左右されず、何十年も愛され続ける商品です。文明の発展に伴って消費される一時的なものとは違い、その責任の重さもひときわ大きいと感じています。だからこそ、これからも一つひとつの商品に対して、心を込めて丁寧に取り組んでいかなければなりません。

たとえ衰退産業と揶揄《やゆ》される業界にあっても、勝負の仕方によっては、まだまだ勝ちに持ち込める可能性はあります。また、逆風が吹き荒れているからこそ、起死回生の逆転劇が起こる可能性もあります。明日の勝利を信じ、ともに戦っていきましょう。

最後までお読みいただき、ありがとうございました。

株式会社桂
奥山　功

【参考資料】

・NPO法人京都観光文化を考える会・都草「わくわく倶楽部（フィールドワーク）室町通を歩く（其の5）」
・朝日新聞デジタル「ことばマガジン／百貨店ができるまで」
・『着物の教科書』（全日本きもの振興会監修、新星出版社）
・『着物の大研究』（馬場まみ監修、PHP研究所）
・キオリ「爪掻本綴織とは」
・『人師は遭い難し』（森繁久彌著、新潮社）

奥山 功（おくやま いさお）

1944年旧満州（現・中国東北部）生まれ。両親の故郷である山形県や、東京都、静岡県で暮らしたのち、中学時代に香川県高松市へ。高松一高を経て、日本大学法学部を卒業。1972年、28歳で着物の世界に飛び込み、若い感性で和装の普及と発展に注力。1984年、40歳で株式会社桂を設立。高松市と同県丸亀市で「きものサロン桂」3店、フォトスタジオ3店の6店舗展開。着物業界自体は斜陽産業ながら、〝地域密着〟〝地域一番店〟を目指す独自の経営戦略や、四国で初めてきものリサイクル店と着物フォトスタジオを展開するなどのアイデアで順調に売上を伸ばしてきた。2024年、息子に事業継承を予定している。一般社団法人日本きもの連盟会長理事。NPO法人楽しく着物を着る推進委員会代表。一般社団法人全日本きもの振興会副会長、日本きものシステム協同組合顧問。

本書についての
ご意見・ご感想はコチラ

伝統を守り伝統を変える
時を超える呉服屋

二〇二四年九月一七日 第一刷発行

著 者 奥山 功
発行人 久保田貴幸
発行元 株式会社 幻冬舎メディアコンサルティング
〒一五一-〇〇五一 東京都渋谷区千駄ヶ谷四-九-七
電話 〇三-五四一一-六四四〇（編集）
発売元 株式会社 幻冬舎
〒一五一-〇〇五一 東京都渋谷区千駄ヶ谷四-九-七
電話 〇三-五四一一-六二二二（営業）
印刷・製本 中央精版印刷株式会社
装 丁 川嶋章浩

検印廃止

Printed in Japan ISBN 978-4-344-94843-3 C0034
幻冬舎メディアコンサルティングHP https://www.gentosha-mc.com/